아버지의 지론

유인자 제2시집

이체의 시름

문학공원 시선 260

아버지의 지론

유인자 제2시집

정신만 차리면
호랑이에게 물려가도 살 수 있다고
나의 아버지는 지론처럼 늘 말씀하셨다

문학공원

자서

마음의 단비

커튼을 젖히고 창밖을 내다보았다
비가 내린다
얼마만에 내리는 비인가
갈증에 목말라 아우성쳤던 잔디와 꽃에
단비가 내려앉는다
땅도 입 벌려 벌꺽벌꺽 물 마시는 소리에
너무 반가워 기뻐 손벽쳤다

빗소리는 점점 커져 물체를 두드리는 둥둥 소리
전쟁에서 승리의 개가 북소리에 막혀 있었던
내 가슴에도 시냇물 흘러내린다
메말라 누렇게 색이 변한 잔디가
고개 들고 서서히 파란 색깔로 돌아오고 있다
날개 접힌 꽃잎도 활짝 날개 펴 동료들과
어깨를 맞대고 웃는 소리에 산천초목도 기뻐 춤을 춘다
시는 내 마음의 단비, 이 시집이 다른 사람들에게
오랜 가뭄 끝에 내리는 단비와 같이 반가웠으면 좋겠다

2024년 가을

유 인 자

<서문>

흐르는 물은 길을 잃지 않습니다

윤 영 미 미동부한인문인협회 회장

언어의 꽃인 시가 한 편 쓰여진다는 것은 힘겹고 답답한 느낌이 트이면서 은폐된 삶의 내장이 드러나는 순간입니다. 공감이 가고 고개가 끄덕여지는 시들을 대하면서 입가에 미소가 번지고 행복감이 밀려옵니다. 나직하게 가슴으로 말하는 유인자 시인의 시 한 편이 힘든 세상에 청량제 같이 느껴집니다.

무슨 말을 하는지 해석이 불가한 시들이 판을 치는 세상에 순수한 열정과 경험을 통한 진실로 시상을 이끌어 가는 유인자 시인의 시는 뒷심도 있으시고 기교와 추상보다는 안정적 묘사를 보여 주고 있습니다.

요즘 사람에게서 맡기 힘든 인간적 흙냄새를 풍기며 품격과 인격을 고루 갖추신, 이 시대에서 만나보기 쉽지 않은 유인자 시인님은 삶 자체가 시입니다. 말뿐이 아닌 행함과 사랑으로 베풀며 나누는 삶을 곁에서 바라보며 감동하고 존경해왔습니다. 늘 울림이 있는 삶을 위하여 시에 대한 고비를 늦추지 않으시며 따뜻한 마음과 사랑을 전하는 유인자 시인님의 두 번째 시집 탄생을 진심으로 축하드립니다. 부디 축복이 시업에 있으시길 빕니다.

차례

자서 - 마음의 단비 5
서문 - 윤영미 미동부한인문인협회장 7

1부.
다이아몬드 반지

어느 기러기 가족의 봄나들이 14
새의 예고 15
영화 제목, 1초 one second 16
수영장의 유혹 18
토끼 부부 20
벌 bee 22
혼자 피크닉 24
배고픈 새 26
짐 실은 어미 소 27
오이 28
생명을 구하다 30
다이아몬드 반지 · 1 32
다이아몬드 반지 · 2 34
영상 36
데이캐어 37
아버지의 지론 38
참새가 우는 이유 40
남원 오작교 42
음력설 lunar new year 44
수선화 영어시간 46
새의 편지 48

2부.
나의 어머니

성실한 농부	50
나의 어머니	52
격려의 말씀	54
영상의 태권도	56
싹튼 화초	57
바다 여행	58
꽃의 호소	59
선물 받은 꽃	60
기적소리	62
꿈속에서 만난 사람	64
싸움을 말리다	66
농부 아버지	68
하늘을 바라보며	70
데이캐어 선택	71
언니네 집 방문	72
어느 할머니의 생신	74
꽃밭 청소	76
둥근 황금 모자	77
눈 내리는 시골	78
먹이 찾는 외로운 새	80

차례

3부.
가을의 결실

내 친구를 훔친 구름	82
혼란스러운 날씨	84
궂은 봄비	86
빨간 진달래	87
대낮의 천둥소리	88
울고 있는 단풍	89
가을의 결실	90
국화 향기	92
가을 보름달	93
국화의 말	94
가을 하늘	96
가을 나들이	97
비에 젖은 단풍	98
마른 꽃	99
얄미운 된서리	100
슬픈 낙엽	102
눈 내리는 아침	103
12월의 어느 비 오는 날	104
겨울 호수	106
겨울비	108
길가에 누워있는 사슴	109
노을빛	110
호수에 떠 있는 별	112

4부.
기도의 능력

면류관 crown of thorn	114
추수감사절	116
귀뚜라미 우는 밤	118
아이가 된 환자	120
진실은 생명의 길	122
기도의 능력	124
무서운 상처	126
전도하며	128
그대가 가신 날	130
그리움	132
내 생일에	134
연 날리는 설날	136
조용한 방안	138
나의 친구 귀뚜라미	140
생일파티	142
나의 꽃밭	143
화분 crown of thorns	144
고요한 밤	146
한 해를 보내며	147

차례

작품해설 150
김순진 - 생명 존중을 통한 진실한 삶의 언어

1부.
다이아몬드 반지

어느 기러기 가족의 봄나들이

맑고 밝은 봄 햇빛에 반사되는 이슬방울
한순간 반짝반짝 빛을 발하다가 흔적 없이 사라진다

기러기 가족이 봄나들이 가는 중인가 보다
수컷은 신호하는 듯 꽥, 하고
자기들의 언어로 새끼들에게 주의하라고 경고한다

새끼들을 보살피는 어미도 조심스럽게 걸어오고 있는데
참새 두 마리가 깡중깡중 따라오면서
겨우야* 어딜 가니, 묻는다
오늘 맑은 호수에서 물놀이하려고 한다

그럼 나는 종일 나무 위에 앉아 물놀이하는 것을
구경할 거라고 말하는 중
차 클랙슨이 크게 울렸다
놀란 겨우도 참새도 모두 넓은 하늘로 날아갔다

* 겨우 : 거위의 방언으로 이 시에서는 기러기를 이르는 말

새의 예고

장독대 옆에는 우람한 큰 나무가
안테나처럼 반듯하게 높이 서서 동네를 내려다본다
나무 꼭대기는 온갖 새들의 쉼터다
아버지는 까치가 울면
기쁜 소식과 귀한 손님이 온다는 징조라며
주섬주섬 옷을 갈아입고 배낭을 메고 장 보러 가신다

까마귀가 나무에 내려앉아 울면
어머니는 불길한 징조라 하셨다
그날 어머니와 가까이 지내던
병석에 누워계신 지 꽤 오래되신
동네 할머니가 그만 세상을 떠나셨다
며칠 전 까마귀가 까욱까욱 나무에서 울어대더니
할머니가 그만 세상을 떠나셨다면서
어머니 뺨에서 굵은 눈물방울이 흐르는 것을 보았다

어릴 적 나는 까치가 나무에서 노래하기를 바랐다
아버지가 시장에서 과자와 눈깔사탕을 사 오시면
동생들과 맛있게 먹었던 기억이 날 때면
어린 시절로 돌아가고 싶은 충동이 일어나곤 한다

1부. 다이아몬드 반지

영화 제목, 1초 one second

중국 땅 황량한 광야에 모래 알맹이는
새의 깃털처럼 가벼워
바람에 실려 안개가 되어 공중을 떠다니다가
어디론가 사라진다

부모와 가족을 잃은 불우한 어린 남매의
고된 삶은 내 가슴을 시리게 한다

14세의 힘겨운 중노동
딸을 찾는 부성애의 애틋한 심정
너무도 안타까워 내 가슴이 덜컹거린다

사생결단의 심정으로 배고픔과 폭력을 이겨내는
악전고투 속에서 피로 낭자한 삶에 몸부림치면서
1초 되는 영상에서
중노동하는 딸의 모습을 목격했다

어린 것이 지쳐 몸부림쳐가면서
중노동하는 장면을 본 아버지는
공산국가는 멸망해야 된다고 외친다

〈
그들은 인간의 존엄성이 완전히 파괴된 짐승이었다
공산국가는 잔인 포악 흉악만이 존재하는 금수들이다

자유로운 민주 국가에서 태어난 우리는
복 중의 복이다
종교도 자유롭게 선택할 수 있어서
큰 은혜를 받은 선민이라고 자부한다

수영장의 유혹

삼복더위 여름철 수영장은 시원하게 보인다
물은 넘실넘실 잔잔한 파도가 일고 나를 유혹한다
등에서는 땀이 솟고 물은 나를 계속 유혹한다
풍덩 물속으로 뛰고 싶은 마음 굴뚝같았다
수영복 입고 시원한 물속으로 시도했다가
아들이 엄마 혼자 있을 때 수영하면 안 된다고
여러 번 당부한 기억이 떠올랐다

나이가 들어가니
자식들은 내가 집에 혼자 있으면 걱정이 많다
발만 물에 넣고 한때씩 더위를 이겨냈다
그러다가도 출렁이는 물을 보면
풍덩풍덩 헤엄치고 싶은 마음을 금할 길 없다
에라 물속에 들어가 보자 하고
풍덩 물속에 들어갔다
물이 너무 차다

젊을 때는 수영도 하고 고무보트에서 자기도 했는데
이제 몸이 허락하지 않는다
내가 물에 유혹되면 안 되겠다는 생각이 들었다

〈
수영장 물은 매일 나를 물속에 들어오라고 유혹한다
그렇지만 들어가지 않고 창 너머로 바라만 보고
시원함을 느끼면서 여름을 보냈다

가을이 오고 있다
이제 유혹당할 일이 없어졌다

토끼 부부

엄동설한 동굴에 갇혀 사는 토끼는
날마다 봄꿈을 꾸었다
어둠 속에서 사는 토끼는
추운 겨울이 지겨웠다

언제나 봄이 오려나
기다림에 지쳐서
웅크리고 앉아 떨면서
눈물만 흘리고 있다

어디서 새의 맑은 소리가 들려왔다
조용히 일어나 밖에 나왔다
오 마이 갓, 봄이 이미 와서
기다리고 있었구나

늙은 목련화도 꽃이 피어있었고
새들의 청아하고 고운 노래
나비들은 이 꽃 저 꽃에 나부끼며
봄은 익어가고 있다

〈
토끼의 양식 클로버 잎은 살져 있고
동굴에서 굶주린 배를 마음껏 채우고
봄향기에 취해 보자꾸나
저 멀리 뵈는 꽃동산에 산책도 가자꾸나

벌 bee

여름철 햇살이 부챗살처럼 펼쳐지는 이른 아침
꽃밭을 산책한다
나팔꽃에 깊이 잠든 벌이 죽은 듯이 움직이지 않는다
형형색색의 꽃밭에는 벌 나비가 넘나들고
향기로운 꽃냄새가 바람 타고 솔솔 퍼져나간다

노랑나비 한 마리
나팔꽃 속에 잠자고 있는 벌의 귀에 대고 속삭인다
몸이 무거워 날 수 없다고 벌이 하소연한다
나비는 잽싸게 날아가 벌의 동료를 데려왔다

동료 벌은 몸부림치는 벌에게 말한다
욕심이 잉태하면 사망에 이른다는 것을 모르는
어리석은 친구여
너무 많은 꿀을 짊어지니
무거워 날 수가 없어
한밤을 꽃 속에서 헤매었구나
짐을 반반씩 나누고 집으로 돌아가자

가볍게 하늘 날면서 도와준 나비에게

고맙다고 인사를 한다

곤충들도 서로 돕고 산다
인간처럼 공치사나 대가를 원치 않는다

혼자 피크닉

가을 아침, 시원한 바람 솔솔 불어온다
어디론가 가고 싶은 충동이 가슴에서 뛰쳐나왔다
무작정 지하철을 잡아탔다
사람들로 붐빈다
한 좌석이 비어있다
재빠르게 얼른 앉았다
이번 역에는 내리는 사람은 없고
올라타는 사람만 있다
배가 동산만한 임산부가 헐떡대며
눈을 두리번거리면 좌석을 찾는다
얼른 일어나 임산부에게 자리를 양보하였다

임산부는 가방에서 시집을 꺼내
'새벽예배'란 시를 읽고 있다
나는 손잡이를 잡고 그녀가 읽는
책을 주의 깊게 보고 있었다

종로3가에서 사람들이 우르르 내린다
좌석이 텅텅 비어 있다

〈
한 젊은 여인이 전동차에 오르면서
임산부와 반갑게 인사한다
그들은 친구었다

이 책 무슨 책이야?
『분만 왕진 가던 날』이란 시집이야
태교에 좋을 것 같아서 읽고 있어
우리 실생활을 시로 엮어서 이해가 좋아

그들의 대화를 듣는 귀가 쫑긋 세워졌다
365일 새벽 예배에 참례한 것이 너무도 기특해
나는 새벽예배 몇 번 가고 말았는데…
앞으로는 새벽예배에 꼭 참례할 거야
이런 시인 만나보면 좋겠다

그 시인이 바로 난데…
두 여인은 목적지에서 같이 하차하였다
손님 종착역에 다왔어요, 빨리 내리세요
동시에 자명종 시계가 울렸다
꿈이었다

배고픈 새

산천에 눈이 산처럼 높이 쌓여 먹이를 찾지 못한 새는
휴가 간 농부 아저씨를 한없이 기다리고 있다
배고픈 새의 배에서 나는
꾸르룩꾸르룩 소리가 내 귀에 들린다

눈이 오고 폭풍이 불어 먹이를 못 찾을 때
착한 농부 아저씨가 풍족한 모이를 주어서
새는 배고픔을 몰랐다

금년은 왜 이다지도 눈이 많이 쌓여
공항은 인파로 북적이고
제 갈 길을 못 가고 공항에서 숙박한다는
뉴스는 매시간마다 나온다

오늘도 아저씨가 돌아오기만
눈 빠지도록 학수고대한 내 마음을
해님은 알았는지
눈은 녹아가고 길은 열려
저 멀리 농부 아저씨 가족들이 돌아오네
배의 꾸르룩 소리가 멈췄다

짐 실은 어미 소

추수가 한창인 벌판
달구지에 볏단을 가득 싣고
이랴 이랴, 소를 몰고 가는 농부의 마음은 바쁘다
주황빛 노을까지 달구지에 올려놓았다
볏단도 기쁨으로 가을을 노래하며 따라간다

뒤따라가는 송아지는 배가 고픈지
계속 '엄마 엄마' 부른다
마음 아픈지 엄마 소도 '음매 음매' 화답한다
등에 업힌 아이도 송아지 따라 '엄마 엄마' 흉내를 낸다
빨리 볏단을 나르느라 송아지 수유 시간을 놓쳤나 보다
착한 농부는 알아차리고, 목적지에 다 왔다
여물에 콩을 넣어 맛있는 저녁을 줄 것이다
시장한 송아지도 맘껏 배를 채운다

친정집에 도착한 아이는 고개를 돌려
길에서 만난 엄마 소와 송아지를 찾고 있다
아이야, 여기는 외갓집이다
수유 끝난 아이는 금세 잠이 들었다

오이

창문 두드리는 소리가 요란하다
늦잠 자는 나를 깨우는 음성은 새소리였다

아차, 하고 일어나 밖을 내다보았다
해가 중천에 떠 있다
울타리를 타고 올라간 오이는
몸통이 매끈하고 탐스러워 욕심이 생겼다
여름 내내 오이소박이와 오이냉국으로
더위를 해소시켰다
이젠 막장이 다 되어가는 오이 넝쿨
잎은 말라가고 가지는 앙상해졌다
뽑아 버리려고 손이 막 줄기를 잡는 찰라에
세밀한 음성이 귀에 들린다
노랑꽃 입에 물고 애원하는 새끼 오이들이
쌀알만한 크기의 몸집을 가지고 있다

뽑아낼까 말까 망설이는 동안
노랑나비가 꽃에 앉아 속삭이고 있다

비가 조용히 내린다

빗물로 마른 목을 축인 오이는
맵시 나게 잘 자라서 밥상에 올라왔다
애원 소리에 뽑지 않은 것이
참 잘했구나

생명을 구하다

급물살 흐르는 냇가에
네 살 먹은 사내아이가 물속에서 허우적거린다
나는 냇물에 빨래하러 갔다가 그 아이를 발견하였다
농사철이라 아이 혼자 두고 들에 간 사이에
아이가 물에 빠져 몸부림치면서 떠밀려간다
떠밀려가는 아이를 잡으려고 안간힘을 써도
아이는 쉽게 잡히지 않는다
잡혔다가 놓치기를 반복하였다
겨우 건져진 아이의 배가 물로 가득 찼다

아이를 엎디어놓자
배속에 들어간 물이 입에서 콸콸 쏟아져 나왔다
나는 간호사였기에 아이의 생명을 구할 수 있었다
이 광경을 지켜본 농부는 나에게 칭찬을 아끼지 않았다
해가 저물어 돌아온 부모는 아저씨에게 소식을 듣고
눈물 흘리면서 고맙다고 고개를 조아려
수없이 감사하다고 말했다

혼자서 차 마시면서 창밖을 내다보았다
하늘에서 눈송이가 꽃잎처럼 날리는 대낮에

고향 생각에 잠겼다
문득 아련한 생각이 떠오르면서
급물살에 떠밀려가는 아이의 생명을 구해준 일이 생각났다
그 아이도 이젠 노인이 되었겠지

다이아몬드 반지 · 1

오월 맑은 아침
단골손님이 세탁물을 캐시대에 놓고 갔다
세탁물을 체크업하였다
코트 주머니에서 cash 3,000불과 pen이 나왔다
깜짝 놀란 딸은 즉시 손님에게 전화했으나 받지 않는다
2일 후 전화 통화가 되었다

현금 3,000불이 코트 주머니에서 나왔다고
단골손님에게 알려주었다
지금 타 주에 있다면서 2주 후에 가니
돈을 잘 보관하고 있으라고 한다

2주 후 단골손님은 '생큐'하고 급히 돈을 찾아갔다
그리고 그 남자분은 7년 만에 부인과 같이 왔다
귀한 선물이라고 작은 박스를 손에 쥐어주었다
열어보니 반지였다
손님이 다이아몬드 반지라고 한다
속으로 농담이라 생각하였다
몇 년 전에 현금 3,000불을 찾아준
고마움에 대한 감사의 표시라고 한다

딸은 손님한테 받은 다이아몬드 반지를
85세의 엄마에게 생일 선물했다
다이아몬드 반지는 내 손에서 번쩍번쩍 빛이 난다

나는 딸에게 고맙다고 극진히 감사하다고 수차 말했다
손에 낀 반지를 볼 적마다
정직한 딸이 정말 대견하고 존경스럽다

돌아가신 남편에게 정직한 딸을 자랑 못해서 참 아쉽다
자녀들을 정직하게 양육시킨 당신이
정말 아름답고 거룩한 아버지였음을 생각하면서
그 고마움에 항상 감사의 기도를 드린다

다이아몬드 반지 · 2

딸 둘 가진 단골손님이 화창한 봄날에
세탁물을 캐시 대에 내려놓고 휴우한다

그녀는 며칠 전에 회의에 갔다 오는 중 차 안에서
반지를 빼고 로션을 손에 바르고 집에 왔다
손을 씻는데 손에 끼었던 다이아몬드 반지가 안 보인다
그날 입었던 양복 주머니를 다 체크업하였고
운전석 밑에까지 체크업하였지만 반지는 없다

경찰에 도난 신고도 하였다고 한다
결혼반지 잃어버린 것을 아직 남편은 모른다고 한다
알게 되면 이혼 될 수 있다면서 눈물 흘린다
밤이면 잠 못 이루고 뜬 눈으로 날을 샌다는
여자는 미인이었는데
요즘 그 여자는 얼굴이 쑥 빠져 윤택이 없다
다음 달 시동생의 결혼식이라면 눈물을 흘린다

세탁물을 캐시대에 놓고 가면서
주얼리 가게에 간다고 나갔다

〈
그녀의 세탁물을 받아 정리하는데
양복바지에서 뎅그렁 하고 반지가 시멘트에 떨어졌다
그녀의 옷에서 펜도 나왔다
딸은 '엄마 빨리 가서 다이아몬드 반지 찾았다고 말해
줘'라고 내게 말했다
그녀는 이미테이션 반지를 고르고 있다
나는 귓속말로 반지 찾았다고 알려주었다

가게로 돌아온 그녀는 반지를 손에 끼면서
딸과 포옹하면서 기뻐 뛰면서 운다
이렇게 정직한 사람 처음 본다면서 은인이라며
God Bless을 반복하였다
그 결혼반지 엄청난 액수라고 하였다

그녀는 고마운 표시로 큰 화분을 딸에게 증정하였다
가게 문 옆에 서 있는 화분은 모든 고객에게
정직과 기쁨을 선사한다
딸의 정직함이 지방신문에 보도되었다
딸의 세탁소는 날로 날로 번영하였다

영상

집에 혼자 갇혀 있으면
오만가지 생각이 꼬리를 물고 일어선다
옳고 그릇된 일 고생한 일 기쁜 일들이
뇌리를 스쳐간다
머릿속이 자꾸만 복잡해진다
게다가 날씨도 음산하여
찌푸린 하늘을 바라보았다
친구도 없어 외롭고 허전하다

이때 카톡이 울린다
손녀딸의 귀여운 영상이다
한복을 입고 너울너울 고전무용 춤을 춘다
기쁘고 대견한 마음으로 나는 손뼉을 쳤다
네 살 먹은 손녀는 워싱턴으로 두 살 때 이사를 갔다
손자는 결석 없이 학교를 잘 다니며
할머니 만나보러 뉴저지에 가자고 하는 손주들이
나를 잊지 않아서 정말 감사하다
직장 휴가 있을 때 손주들 데리고 오라고
미리 비행기 표 살 돈을 보냈다
손주들 볼 생각에 외롭고 허전한 마음이 멀리 사라졌다

데이캐어

집에 혼자서 외롭고 쓸쓸하게 갇혀있으니
더욱 외롭고 슬퍼져 눈물이 흐른다
의지할만한 말친구가 없다

남편과 60년을 의지하고 살아온 세월이
때때로 그리워지고 보고 싶은 마음이 더해지는구나
슬픔과 외로움을 떨쳐내는 길을
찾아보자는 생각이 슬그머니 찾아왔다
데이캐어 오후반에 결정이 되었다

늙고 나이 들어 활동이 끝난 동료들과 한 배를 탄다
동료들끼리 형제자매처럼 의지하면서
데이캐어에서 하루하루를 기쁨으로 살고 있다

아버지의 지론

정신만 차리면 호랑이에게 물려가도 살 수 있다고
나의 아버지는 지론처럼 늘 말씀하셨다
초등학교 2학년 겨울 방학 직전에 있었던 일이다
장난치다가 상급생이 밀쳐서 전북 망경강 높은 다리에서
발을 헛디뎌서 떨어졌다

광목 치마 둘러 입은 가운데는 책보가 묶여 있었다
내가 꽃잎처럼 바람을 타고 추락할 때
홀연히 강한 바람이 밑에서 솟아 올라와
치마가 낙하산처럼 위로 올라가 중력을 조절해준 덕에
천천히 안전하게 두 발이 땅에 닿았다
순간 현기증이 일어나 정신을 잠깐 놓았다

소식 듣고 급히 달려온 오빠 등에 업혀 병원에 갔다
의사는 큰 지장은 없다면서 큰 병원을 추천했다
큰 병원에서도 다행이라면서
등에 안티푸라민 연고를 발라주었다
집에 온 내 몸은 허리가 아프고
숨을 내쉴 수가 없어 고통스러웠다

〈

문병 온 사람에게 어머니는
'불구가 되어 소리 빽빽 치는 것보다
차라리 죽는 것이 가족을 위해서 좋은 일'이라고
하시는 말씀이 누워 자는 내 귀에 들렸다

방문객이 떠난 후 먹고 싶은 것이 뭐냐고 물으셨다
나는 팥죽이라고 하였다
어머니는 팥죽을 끓여 주시면서 많이 먹으라고 하셨다
엄마 나는 안 죽어 팥죽 먹고 꼭 나을 거야
엄마는 나를 가슴에 안아 주시면서
눈물이 뺨에 한없이 흘러내리는 것을 보았다
아버지가 챙겨주시는 약은 잘 받아먹었다

지금껏 망경강 다리에서 떨어진 사람은
한 사람도 산 사람이 없었다
하나님이 받아주시어서 기적같이 살았다고
동네 사람들은 칭찬을 아끼지 않았다

떨어지는 순간 나는 아버지의 지론을 생각하였다

참새가 우는 이유

하늘에는 구름이 끼고 음산한 아침
나뭇가지에 홀로 앉은 참새가
사뭇 슬픈 목소리로 짹짹 울고 있다
어떤 사연이라도 있는 걸까
참새우는 소리에 나의 마음도 괜스레 슬퍼진다
사랑하는 짝을 잃은 것일까
나 혼자 생각하고 있을 때
참새 두 마리가 울고 있는 참새 곁에 앉아
무어라 반가운 소리로 지저귄다
잃었던 새끼를 찾아 엄마 아빠 새가 온 듯하다

나뭇가지에서 전깃줄로 옮겨 앉은 참새들은
한 가족인 듯하다
참새 세 마리가 기쁜 소리로 노래부른다
참새 노래 소리에 내 가슴에서도 기쁘고
흥겨운 찬양이 흘러나온다

따뜻한 찻잔 속에 그리운 추억들이 살아 일어난다
갈망했던 아들이 태어나 기뻐했던 일
고생했다고 나를 인정해주신 그대의 칭찬에

힘이 생겨 행복했던 추억들이
영상으로 계속 영화 필름처럼 풀려나와 행복하다

참새 세 식구가 전깃줄에 나란히 앉아
하늘 향하여 종일 노래만 부른다
참새들도 나도 종일 기쁘다

남원 오작교

남원에서 미인선발대회가 열렸다
행사에 참석한 나는 임실군 직원이었다
성춘향으로 유명한 남원 광한루 요정은 역사가 깊다
술에 취해 근엄한 유세를 떨며 요정에서 나오는
돈깨나 있는 유지란 남정네들
내가 보기엔 꼴불견이다

성춘향이 푸른 나무 아래서 치맛폭 펄럭이며
그네 타는 모습을 오작교 다리에 서서
정신을 잃은 눈동자가 집중된 자리가
바로 이도령이 서 있던 곳 오작교다

오작교 다리 밑에는 작은 호수가 있다
수많은 잉어 떼들이 물결처럼 뭉쳐 다니고
큰 것은 큰 무리로 작은 것은 같은 것끼리
물을 헤집고 다닌다

장난기 있는 아저씨는 큰 것 한 마리 잡아서
안주로 걸쳐 소주 한 잔 친구와 먹었으면 딱 좋은데
못내 아쉬운 듯 쩍쩍 입을 다신다

다른 아저씨는 매운탕 만들어 애인과 같이
먹으면 기분 좋을 것이라고 한다
할머니 한 분은 출산한 딸에게
잉어로 산후조리를 하면 좋은데 하고
아쉬운 고개를 돌린다

비록 기생의 딸이었지만
굳건히 절개를 지킨 춘향이를 나는 좋아하였다
참혹한 역경 속에서 죽음보다 귀한
절개를 지켜내는 고귀한 인내력은
마치 주님의 십자가와 일치하는 점이 있었다

그 당시만 해도 징그러운 사또 권력이면
재산과 남의 부인까지도 빼앗아 가는
우리나라는 미개한 나라였다
그 당시에 태어나지 않아서 천만다행이다
이 도령과 춘향이가 암행어사로 만나는 장면에
나의 기쁨은 하늘까지 닿은 듯이 통쾌하게 소리쳤다
나는 성춘향이 영화를 여러 번 관람하였다
지금도 나는 여성들이 절개를 지켜주기 바란다

음력설 lunar new year

선조로부터 내려온 전통의 음력설은
국민 모두가 기뻐하며 기대하는 설날이다
부모님은 음력설에 조상님께 차례상을 차리고
무릎 꿇고 고개 숙여 절을 하셨다
농사가 풍작이 되기를 빌면서
자손 대대 번영을 복을 비는 음력설이다

어릴 때 기억이 아련히 떠오른다
부모님께 또는 친척들에게
얌전히 큰절을 올리며 세뱃돈 받았다

수선화 데이캐어 젊은 직원들이
극진한 사랑으로 어르신들에게 큰절을 하며
만수무강을 빌어주었다
타향땅 미국에 이민 와 살면서
극심한 고생도 많이도 하였고
한 많은 눈물을 폭포수처럼 흘릴 적마다
내 고향이 그리워 눈물을 훔치면서
고진감래 겪어 온 노년의 삶이 행복하다

〈
음력설이면 내 고향 남정네들은
윷놀이와 자치기 팽이치기 등 흥미 있는 놀이가 많았다
나는 널뛰기 좋아하였다
어릴 적 고향 꿈을 꾸면 편안한 기쁨에 행복을 느낀다

수선화 영어시간

노인들이 영어 회화 배우는 목요일
둘이 짝지어 회화하는 내용은
음식을 주문하고 주문받는 웨이트리스와 손님의 대화다
웨이트리스는 미인이었다
손님은 근엄하고 훤칠한 훈남이었다

웨이트리스는 눈웃음 살살치면서 주문받고 있는 중
'I love you.'하고 얼굴을 바라보는 훈남을 보았다
능숙한 웨이트리스는 음식 주문을 받다가
서로 사랑의 눈빛이 마주쳤다
정말 로맨틱한 장면에 배꼽이 빠지도록 웃었다
노인들은 젊었을 때 했던 영어를 다 잊었다
용기도 없어지고 귀찮게만 여기고 있던 차
제니퍼 영어 선생님께서 영어가 기억나도록
상기시켜주시고 재미있게 수업을 진행하였다

나는 자다가도 혼자 웃었다
주문하는 훈남이 갑자기 'I love you.'하는
바람에 관중들도 배꼽을 쥐고 웃었다

〈
재치 있게 잘 받아치는 웨이트리스는
음식을 많이 주문하도록 지혜가 있었다
그날 훈남은 아마 팁도 많이 주었을 것이다
만일 내가 음식점을 경영한다면
지혜 있는 그 미인 웨이트리스를 채용할 것이다
너무도 내 맘에 들어서

새의 편지

청명한 봄날 꽃구경 가는 길
경이로운 하늘에는 하얀 구름이 유유히 흘러간다
여러 가지 형태의 모양으로 변형되면서
떠가는 저 구름도 분명 목적지가 있겠지

꽃구경을 오라는 새의 편지를 받았다
이파리보다 꽃이 먼저 폈다
서둘러 핀 꽃에는 아직 벌 나비가 오지 않았다

멋진 자태로 포즈를 취하여 사진 촬영할 때
얼굴의 잔주름은 꽃 속에 묻혀 흔적도 없다
팽팽한 얼굴에는 젊은 기백이 가슴에서 솟아나는 기분
황홀한 행복감에 몸이 가벼워지며
새가 되어 창공을 내 맘껏 자유로이 비행하였다

2부.
나의 어머니

성실한 농부

나의 아버지는 부지런한 농부 가을철에
일꾼 거느리시고 들녘에서 벼 베는 날
어머니는 점심을 광주리에 담아 머리에 이고 가신다
나는 물주전자를 들고 어머니를 따라서
아버지가 일하시는 들녘으로 갔다
일꾼들은 순식간에 점심을 다 먹었다

논두렁에 듬성듬성 벼를 놓는다
이 광경을 보고 이상하였지만…
이유는 묻지 않았다
얼마 동안 자란 후 새들의 밥이라는 것을 알았다

부지런하신 아버지는 새들에게도 식량을
제공해주신 아버지는 착한 농부었다

임실군에 발령받아 근무할 때 가을이면 나무마다
높은 꼭대기에 감과 사과들이 몇 개씩 달려있다

나는 바람에게 부탁하였다
열매가 떨어지지 않도록 눈 내릴 때까지

새들이 배고프지 않게 식량이 되어
열매를 붙들고 있기를 간곡히 부탁했다

다행히 거센 바람과 눈이 가볍게 왔다
별 어려움 없이 겨울은 가고 봄이 왔다

나는 아버지를 생각할 때마다 착하고 성실한
아버지가 내 안에서 존경스런 아버지로
지금도 내 머리에서 맴돈다

나의 어머니

나의 어머니는 손재주가 좋은 분이다
우리가 입던 옷이 작아지면
이웃집 서운이에게 옷을 재단하여 입혀주시곤 했다
이웃 아줌마는 어머니를 고맙게 생각하여
어머니 일을 많이 도와주었다

따뜻한 저녁을 대접하고 음식까지 싸주시고
도리어 일 도와줘서 감사하다며
쌀 한 됫박을 싸주신다

어릴 때 어머니 모습을 지켜본 나는
어머니가 참 좋으신 분이라 생각하면서 성장해왔다

겨울 김장이 끝나며 일꾼들에게 줄
말린 호박을 넣어 만든 팥시루떡를
푸짐하게 담아 주시며
집집마다 나에게 배달시키셨다

해가 져서 어둑어둑했지만
나는 신이 나서 뛰어다니면서 떡배달을 하였다

〈
아버지는 기특하다며 용돈을 후하게 주시곤
칭찬도 아끼지 않았다
나는 부모님으로부터 칭찬받는 일이 제일 기뻤다

결혼도 부모님이 정해준 청년과
6년의 지속된 연애 끝에
나는 불평 없는 결혼을 하게 되었다

부모님에게 순종한 결혼은 행복하였다
늘 나는 부모님의 고마움을 가슴에 간직하고 산다
우리 부모님은 가난한 이웃을 잘 보살피는
착하고 인심 좋으신 부모님을 본받고 싶어진다

격려의 말씀

박선원 시인은 내 수필집을 읽으시고
"어렵게 일구신 이민의 삶 그 여정에
박수와 찬사를 보내드립니다"라는
정겨운 말씀에 내 마음은 녹아졌습니다

수필을 읽으면서 군데군데 눈물이 났어요
건강하시고 오래오래 행복하시기를 기도하겠습니다, 라는
말씀에 놀라운 큰 은혜를 받았습니다

시는 강력한 감성으로
상대방의 속마음을 꿰뚫어 볼 수 있는
마음의 눈이 있어야 된다는 말에
깊이 깨닫게 되었습니다

나에게 위로와 힘을 실어주신
박선원 시인의 격려 말씀에 태산 같은 희망의 힘이
내 안에서 불꽃처럼 솟구쳤습니다

한 분이라도 위로자가 있어서

'내 수필을 세상 밖으로 내보낸 것이 참 잘했구나'라는
생각이 들었습니다
이 세상에 존재하는 동안 내 심령을 글로써 표현하여
독자와 상통하는 공감을 누리고 싶은
따뜻한 마음을 나 자신에게 간직하고
희망이 사그라지지 않는
항상 생각하는 자가 되려고 합니다
이 세상에 존재한 흔적을 남기고 싶을 뿐입니다

영상의 태권도

유니폼을 입은 소년의 늠름한 모습의
눈에 광채가 출렁인다
골똘한 집중력 팔 뻗치고 주먹을 불끈 쥔
오른손 주먹으로 널빤지를 내리칠 때
우레 같은 광음이 하늘로 퍼져간다

야무지게 쥔 힘찬 주먹 가슴 한가운데로 모은다
의로움과 정의에 불타는
동지를 끌어모으는 호소의 포용이다
다시 오른발에 힘의 중력을 집중시킨 후
악과 불의를 방어하는
불기둥 같은 힘이 하늘에 솟구친다

싹튼 화초

땅속 깊이 묻힌 씨앗 빗물 할퀸 자리
화초가 흙 밀치고 싹 터
떼 지어 고개 들고 솟아 올라왔네요

화초는 밤새도록 은방울과 놀다가
내 님 오시면 몰래 은방울 감추기에 분주하네요
전깃줄에 앉은 새 총알처럼 내려와
지렁이 쪼아먹고 번개같이 나뭇가지에 숨어서
흰 구름을 가지에 걸쳐놓고
봄노래를 부르네요

햇빛에 안겨 낮잠 자는 화초
잠 깨면 꽃봉오리 터져
꽃 만발할 때
사진 한 장 남기겠어요

바다 여행

바다 물결 색깔은 너무 짙어 남색이 되었다
하늘은 구름 한 점 없는 푸른색으로 장식된 곳에
바다 물결 철썩거리지 않는 조용한 오후 한낮이다

바닷가에 바위들만 우뚝 서 있어 외로운 눈빛으로
나를 슬며시 끌어당기면서 친구하자고 졸라댄다

젊은 날 가족여행 갔을 때 파도 철썩거리는
바닷가에서 시원한 물속에 발 담그고
돌벽에 등을 대고 여름휴가를 즐겼던 생각이 난다

바다의 영상 속에 나의 마음과 눈은
풍요로운 경치에 흠뻑 잠겨 있었다
불편한 나의 육체는 눈으로 보는 영상으로
기쁨으로 세월을 보내고 있다

꽃의 호소

7월의 날씨가 뜨거워 용광로 불같다
뜨거움에 꽃잎은 접혀있고 어깨는 축 늘어져 있다
푸른색의 잔디는 변질되어 누렇게 말라 있다
성냥을 당기면 활활 불이 타 올라올 것만 같다

매일 물을 뿌려 주었건만 소생할 기미가 전혀 없다
그래도 작은 희망을 걸어본다
뙤약볕에 서서 호스로 골고루 물을 뿌려 주고
뒤돌아보면 강렬한 햇빛에 물은 증발되었고
꽃잎은 말라 뒤틀려 몸부림친다

비를 기다리는 꽃들의 아우성이 가엾고 민망하다
무궁화는 더위 속에서도 아랑곳없이
수영장 옆에서 시원한 웃음으로 활짝 피어있다
꽃 속에는 벌들이 꿀을 따면서
흥겨운 노래로 한여름을 즐기는 모습이 사랑스럽다

선물 받은 꽃

수필가로 등단되었음을 지인들에게 알렸다
제일 먼저 호 선생님께서 축하해 주었고
또 난초꽃 화분을 내게 선물하였다
내 수필집을 첫 번째로 사간 첫 고객이다
딸이 축하로 받은 장미꽃 한아름과
호 선생님이 선물한 꽃을 식탁에 나란히 올려놓았다
뿌리 없는 장미는 1주 동안 화려한 빛을 뿜어내었고
향기로운 짙은 향기 토해내고
시한부 1주 살고 고개 숙여 잠들었다

예쁜 화분에 뿌리가 있는 꽃은
날마다 싱싱한 자태 생동력이 넘쳐흐른다
내 마음이 기쁠 때 꽃을 바라보고 있으면
꽃도 기뻐서 흔들거리며 웃고 있다

어느 날 고통스런 일로 울상을 짓고 있었는데
꽃도 내 마음 알았는지
슬픈 얼굴로 눈이 아래만 내려다본다
물 한 컵을 부어주고 깊은 생각에 잠기고 있을 때
꽃을 선물한 선생님의 말씀이 뇌리에 떠오른다

〈

수필집이 탄생하기 전 작품 읽고 서로 감동 받아
눈물 흘린 적이 있었던 기억이 갑자기 떠올랐다

물 마신 꽃이 고개를 들고
나직한 목소리로 내 귀에 속삭인다
나를 당신께 선물한 선생님을 대신해서 말하겠는데
한낱 괴로움은 그날로 완전히 깨끗하게 씻고 씻어라
고통은 물러가고 기쁜 날이 찾아올 것이다

기적소리

철로를 달리는 기차가
기적소리 내지르면서 시골길을 달린다
잠을 깬 딸은 기차 안에서
서울로 돌아가자고 엄마 손잡고 칭얼댄다

산 달에 몸을 풀려고 친정집에 유숙한 지
한 달이 훨씬 넘어갔다
딸은 노을 지는 서쪽 하늘을 바라본다
아빠는 왜 집에 오지 않지
아빠 아빠, 울먹이며 수없이 불러댄다

기적소리 내지르면서 기차는 달린다
엄마 아빠가 기차 타고 오는 것이지
골목으로 뛰어가 어두움이 깔리고
초저녁별과 달이 나올 때까지
길목에서 아빠를 기다리다 지쳐 졸고 있다

밤이 지나고 새벽이다
기차는 기적소리 울리며 새벽을 알리고
시골길 달리는 기차 소리에 잠을 깬 딸은

아빠한테 가자고 칭얼대고 보챈다

사내아이를 분만했다는 소식을 듣고
급행열차로 시골 친정집에 온 남편은
잠자는 딸을 안아준다
아빠, 동생 데리고 서울로 가자
딸아이는 아빠 품에 안겨 계속 아빠를 채근한다

4개월의 병가는 훌쩍 지나갔다
서울로 생경할 때는 4식구가 되었다
기적 소리 울리는 기차 안에서 수유하는 동안
딸은 동생의 손을 잡고 좋아하면서
아빠에게 재롱을 부리는 동안
기차가 서울역에 도착하면서 기적소리는 끝이 났다

꿈속에서 만난 사람

숲이 우거진
인적 드문 오솔길을 느릿느릿 걸었다
옅은 구름이 하늘에 끼어 있다
나뭇가지에 내려앉은 새들이
근심 어린 소리로 짹짹 울어대고 있다

고개 올려 하늘을 바라보니 구름이 꽉 차 있다
이슬비가 조용히 내린다
우비도 없이 고개 숙여 쓸쓸히 걸어가는
내 마음 허전하다
가슴에도 비가 내린다

사랑하는 그대와 손잡고 산책했던 길
나 혼자 걸어가는 길
눈물이 흐른다
이때 다람쥐 한 마리가 쏜살같이 지나간다
비가 점점 세차게 내린다
찬 물방울은 얼굴을 때린다

코너에 우산 든 남자가 가까이 오고 있다

비 오는 날 왜 산책을 하느냐고 묻는다
우산을 내미는 남자의 얼굴이 익숙해 보인다

자세히 보았다
천상에 가신 나의 남편이었다
무덤덤한 표정으로 둘이서 걸었다
갈 곳이 있다면서 우산을 나에게 건네주었다
이상하다 느껴질 때 잠에서 깨어나니 꿈이었다

싸움을 말리다

서울운동장 축구 경기가 시작되는 날
인산인해가 된 서울운동장은 사람들로 북적거렸다
나는 미장원에서 머리를 매만지고 나왔다
여자의 날카로운 고함소리가 들린다

한 남자와 애 업은 여자가 고성을 지르면서
싸우는데 말리는 사람이 없다
엄마의 등에 업힌 아이는 울고
여자의 코에서 붉은 코피가 흐른다
나는 삿대질하는 남자의 등을 쳤다

아이 업은 연약한 여자를 왜 쳤느냐고 물었다
아 글쎄 계란 값을 주었는데 안 받았다고
계란 값을 당장 내야 오늘 계란을 준다기에
화가 나서 그만 손찌검하게 되었다고 한다

여자도 울고 등에 업힌 아이도 울고 있다
보건소 출근 시작종이 밖에까지 들린다
얼른 뛰어가서 출근 도장 찍고 나오다가
보건소 소장님을 만났다

웬 피가 가운에 묻어있느냐고 묻는다
계란 장수 코피가 내 가운에 묻어
피로 지도가 그려져 있었다

싸움 말리다가 묻은 피라고 소장님께 말씀드렸다
분만이 가까운 임산부가 싸움 말리다 사고라도 나면
어쩌려고 위험한 일을 했느냐고 하신다
점심시간에 포장마차 아저씨에게 등을 쳐서 미안하다고
정중히 사과하였다

그 아저씨가 지나가는 나를 불러 호떡을 싸주셨다
어제 그 애 엄마가 자기가 받았는데
수첩을 잃어버려서 기억이 안 나서 싸우게 된 것이라며
그 애 엄마에게 사과했다고 했다 그리고
싸움 말려주셔서 그날 고마웠습니다
그 아저씨는 내게도 인사를 했다

농부 아버지

좁은 가을 길을 천천히 생각하면서 걸었다
우거진 숲의 나무들은 온통 불이 켜져 있다
저마다 단풍은 빨갛게 물들어있다
철 따라 옷을 갈아입혀 주시는
조물주는 너무도 신기하고 감사하다

푸른 하늘에 하얀 구름 한 조각
나뭇가지에 걸려 있다
노란 단풍은 조용히 몸 흔들면서
신부의 걸음으로 푸른 잔디에 얌전히 내려앉는다

순간 내 고향의 가을이 생각났다
붉은 홍시가 주렁주렁 나무에 매달려
주인이 와서 데려가기를 학수고대하며
가지를 힘차게 붙들고 있다
바람은 홍시에게 네가 떨어질까 봐
조용한 실바람만 불어주겠다고 했다

고향의 풍경이 지금 내 목전에 펼쳐진다
착한 농부의 수고를 칭찬하는 바람이

거룩한 땀방울 손수 씻어주신다
정치인의 권모 술책 없는 순박한 농부의 아버지는
참으로 거룩하였음을 이제야 더욱 뼈저리게 느낀다

하늘을 바라보며

하늘도 푸르고 바다도 푸르고
내 가슴도 푸르고 호수에 떠 있는 물오리도 푸르다
푸른 잔디에 뒹구는 하얀 개도 푸른 옷을 입고 있다

세상은 모두 천고마비의 푸른 계절
하늘엔 구름 한 점 없이 푸르다
나의 찻잔 속은
풍요로운 가을의 결실이 모여 있는 창고와 같다
따끈한 차를 마시면서 고국을 생각한다

한국의 비약적인 발전은 농촌이
기계 문명으로 발전이 되었고
하나님의 크신 은혜가 충만하여
주 예수를 영접하는 자가 많아서다
이국만리 타향에서 살지만
나는 고국인 대한민국을 평생 잊지 않고 기도하리라

데이캐어 선택

나는 데이캐어* 두 곳을 신청하였다
양쪽 다 결정되었다
머리가 복잡해졌다
어느 쪽을 택할 것인가

수선화 데이캐어로 신청 중
첫인상이 좋으신 부부를 만나
내 살 곳은 바로 여기다
단호히 수선화로 결정하였다

연세 많은 분을 서로 돕고 협력하시는
따뜻한 사랑을 보고 나는 느꼈다
여기 오기 전 외로움과 슬픔이 내 속에 묻혀 있었다

정성 들인 식사와 동료들의 사랑의 담화로
외로움과 슬픔은 사라졌다
그곳은 항상 기뻐하며 웃음의 꽃을 피우는
평화스런 곳이었다

* 낮에만 병원에서 치료를 받고, 밤에는 집으로 돌아가는 형식의 의료 방법

언니네 집 방문

늦가을 하늘은 온통 푸르고 맑다
구름 한 점도 보이지 않는다
창공을 유유히 나르는 기러기
어디로 가는지 말이 없다

가을 나무 사이사이로 불이 켜진
단풍은 빨갛게 물 든 잎들이
마치 모닥불이 이글이글 타 하늘로
오르는 황홀한 빛이다

작은 텃밭에 고추들이 주렁주렁 매달려 있다
깻잎도 청청하다
언니는 정성과 수고로 땀 흘려 가꾼 채소를 따다가
따뜻한 점심을 준비하였다

몸에 좋은 음식을 즉석에서 만들어서
나에게 제공하여 주었다

후한 대접받고 집에 오는 중 해는 서산으로
넘어가고 있다

나이는 숫자가 올라가고 몸은 예년 같지 않다
언니와 몇 번이나 더 만나게 될까
기약이 없다
왈칵 눈물이 쏟아진다

마침 뉴욕에 문인들 미팅이 있어서
언니네 집을 방문할 기회가 생겼다
나이 들어가니 형제의 우애는
더 두터워지고 애틋해져간다

어느 할머니의 생신

생신 맞이한 할머니는 고깔모자를 쓰고
얼굴에 환한 웃음꽃이 피어있다

케이크에 켜진 불을 세 번 불어서 껐다
지켜보는 축하객은 소리를 지르면서
장내가 떠나가도록 박수 갈채로 환영하였다

금년에 93의 생일잔치 얼굴에 기쁨의 미소가
보는 이에게 즐거움을 주었다

어머니를 위한 축하 노래를 부르는
따님이 눈물을 글썽이면서 노래하는 모습에
나도 눈물이 흘려졌다

할머니는 따님의 노래에 행복하시며
장내를 웃음꽃으로 가득 채우셨다

생일 축하 기념 떡을 한 팩씩 모두에게 선물하였다

잠자리에 들어간 나는 낮에 생일잔치에

축하송 부르면서 눈물 흘리면서 노래한
이유가 궁금하였다
할머니는 기뻐하였고, 따님은 울었다

아침에 만난 따님에게 나는
기쁜 날 왜 우셨나요, 이유를 물었다
어머니에게 생신을 몇 번이나 챙겨주게 될 것인가
애절한 마음에 나도 모르게 눈물 흘려졌어요

내 가슴에도 뜨거운 눈물이 터져 나왔다
나는 고국에 계신 어머니에게
마지막 생신도 못 차려드렸다
한이 맺힌다
따님의 축하송을 듣고 행복하게 웃으시는 할머니
강건하여 만수무강하시길

꽃밭 청소

바람이 솔솔 부는 오후
꽃밭의 시든 꽃을 정리하였다
아름다웠던 꽃들이 물기 없이 앙상한 몸으로 서 있다
시도 때도 없이 넘나들던 벌 나비도 흔적 없이 사라졌다

떨어진 단풍들만 옹기종기 모여앉아 눈물짓고
탄식 소리가 내 귀에 들린다
바람 따라가는 단풍은 목적지가 없다

이리저리 바람 따라가는 몸
그래도 이 몸은 썩어져 거름이 되어
꽃들이 아름답게 필 수 있도록 희생해
새 생명을 탄생시키는 거룩한 단풍이라오
아름답게 장식되었던 여름꽃을 사진으로 남겨놓았다

홀로 선 장미가 동료들이 사라져 외롭다고 하소연한다
낮에는 참새가 노래 불러주고
밤에는 달과 별이 친구가 되어줄 것이다
잘 견디고 있으면
화려한 봄날이 너를 다시 찾아올 것이다

둥근 황금 모자

나는 황금 모자를 쓰고 쥬리아 옆에 서 있었다
작가님 모자가 잘 어울리고 예뻐요
직접 손으로 뜨셨나요
아니요 christmas 선물 받았어요
누가 선물했어요
아이다가 했나요
나는 대답 안 하고 한참 후 어물어물하였다
쥬리아가 묻는다
누구예요
에이캐어 홀 안에 계신 분이 선물했어요
알아맞춰 보세요
쥬리아는 홀 안을 휙 둘러본다
사뭇 궁금한 눈빛으로 작은 소리로
전도사님일까
나는 쥬리아 눈을 빤히 들려다 보았다
대체 누구일까
누가 작가님에게 잘 어울리는 황금 모자를
christmas 선물로 주었을까
사뭇 궁금한 눈빛이다
꼭 선물한 분을 찾고 싶은 호기심이 가득 찼다

눈 내리는 시골

눈 내리는 아침, 밖을 바라보았다
내 마음은 어린 소녀가 되어
눈 오는 시골집으로 달려간다

형제들과 눈 뒤집어쓰고 눈싸움이 시작되었다
눈 위에 넘어지고 뒹굴고 밀치다가
마냥 눈이 좋아 뛰놀았다
어머니가 저녁 먹으라고 불러도 못 들은 척
큰 소리로 불러도 못 들은 척
나중에 아버지가 오셔서 우리를 야단친다
후닥닥 옷에 묻은 눈을 떨어내고 따뜻한 방에 들어갔다

김이 무럭무럭 나는 팥시루떡을 접시에 담아 주신다
그러면서 어머니는 밖에 나가지 말라고 하신다
그렇지만 나는 눈이 좋아 몰래 나가려다 붙잡혔다

어머니 친구들이 집으로 몰려온다
왁자지껄 먹고 마신 후
어머니는 장화홍련전 춘향전을 낭독하시고
친구들은 둘러앉아 연신 눈물 훔치면서 듣고 계셨다

철없던 나는 어머니가 책만 낭독하시면
우는 어머니들을 이해하지 못했다

시골 농촌은 농사철이 지난 겨울은 하릴없어서
집집마다 돌아가면서 음식을 장만하여
먹고 마시며 친목을 돈독히 쌓아가며
또 농사철을 기다리신다
풍요롭고 인심 좋은 시골 농촌이 그립다

종일 눈 내리는 광경만 바라보고 있노라면
어릴 때 추억이 평화롭게 꽃잎처럼 피어오르고
순간 행복한 마음이 가슴으로 몰려온다
눈 내리는 시골은 인심이 좋아 사람들은
풍요로운 잔치가 연속이다
지금 나는 미국 땅에서 시골 고향을 그리워한다
추억을 상기하면서 눈 내리는 밖을 바라보고 있다

먹이 찾는 외로운 새

눈이 산처럼 쌓인 시골
인적이 끊어진 외딴 농장
허기진 새 한 마리
먹이를 찾아 헤매며
공중에서 내려다 본다
나무에 열매가 달려 있는 것을 발견하였다
굶주림에 지친 새
감격하여 감을 바라보는 새는
가족을 데려오려고 깊은 생각에 잠겨 있다

건너편에 사는 착한 농부가 가을에
열매를 다 따 가고
남겨놓는 감에 눈물이 흐른다
작년에도 먹이를 남겨놓았었는데
올해도 양식을 제공해준
농부 아버지 감사합니다
그리고 하나님 축복이 넘치기를
기도하겠습니다

3부.
가을의 결실

내 친구를 훔친 구름

아침 이슬이 나뭇잎에 매달려
잠깐 영광을 드러낸 후 어디론가
쏜살같이 사라졌다

햇빛이 중천에 이를 때
2마일이 넘는 은행에 가려고 행장을 차렸다
모자와 선글라스 마스크 쓰고 유유히 걸었다

난 빨간색 자켓을 입었다
검은 드레스를 입은 키 큰 친구가
한결같이 따라오지만
침묵에 잠겨 말 한마디 없다
그저 호위병처럼 내 곁에 바짝 따라붙는다

엷은 구름이 점점 짙어졌다
내 친구를 구름이 훔쳐갔다

은행에서 찾은 돈으로 점심이나
같이 먹으려고 마음먹었는데
친구가 보이지 않아서 섭섭하다

오늘 하루 일기는 변덕이 죽 끓듯 한다
구름과 햇빛이 숨바꼭질하듯 혼란스럽다

집 문턱에 이르러
햇빛이 쨍하고 번득일 때 친구가 옆에 서 있다
어디 갔다가 이제 왔니, 물으니
아무 데도 간 일 없었고
구름이 내 몸을 덮어서 보이지 않았겠지
말 한마디 던지고 급히 떠났다
충성스런 나의 그림자
다시 만나고 싶다

혼란스러운 날씨

3월 달력 속에 사계절이 한데 모여
바람의 변덕이 요술을 부린다
봄이 오는 것을 반가워했는데
유턴해서 겨울이 다시 오는 듯하다
추위로 몸은 사뭇 떨려온다
눈비 내리고 바람 불고
느닷없이 강풍이 일고
먹구름이 몰려와 햇빛이 차단되었다
돌짝 같은 큰 우박이 소란을 피우고
소식도 없이 우당탕 전쟁을 방불케 한다

실눈 뜨고 나온 싹들의 면상을 우박이 난타하였다
어깨를 두들겨 맞은 새싹들은 우박이 두려워
슬그머니 고개 숙이고 땅속으로 몸을 숨긴다

약삭빠른 다람쥐는
잽싸게 사철나무 가지 속으로 숨었다

어린싹들이 안타까웠는지
햇빛은 상처를 싸매어주고 위로해 주고 있다

역경 속에서도 힘을 얻고
자기 본분의 역할을 다한 새싹들은
이제 화사한 색깔로 봄의 향기로운
향내를 나에게 가져왔다

궂은 봄비

연속으로 내리는 궂은 봄비가
조용히 내린다
빗속에서도 목련화의 심장 열리는 소리가
내 귀에 들린다

창문 열고 하늘을 바라보았다
밝은 해님이 구름을 몰아내고
목련꽃에 앉은 새들의 청아한 노랫소리를
귀 기울여 들어보았다

그것은 창조주를 찬양하는 감사의 노래였다
목련화가 나를 부른다
자기의 얼굴을 만져달라고 애원한다
나는 목련 꽃잎에 입맞춤을 해주었다
목련화는 자기 향기를 내 가슴에 불어넣어 주었다

목련 꽃잎이 눈송이처럼 나무 아래 쌓여있다
나를 기억해다오
미련을 남기고 꽃잎이 바람에 실려 어디론가 가고 있다

빨간 진달래

철쭉은 엄동설한 지하에서 봄을 기다리며
꽃피우는 꿈을 안고 동면에서 깨어났다
따듯한 햇빛을 붙들고
천둥 치는 소리에
꽃망울이 폭죽처럼 터져 나오는 소리에
내 가슴의 꽃도 동면에서 서둘러 피어났다

호랑나비 이 꽃 저 꽃 옮겨 다니면서
봄 향기 배달에 분주하구나
빨간 진달래야
난 너를 사랑하고 있단다

대낮의 천둥소리

밝았던 하늘에 먹구름이 깔린다
하늘 한구석에 햇빛이 희미한 검은색으로 변해간다

갑자기 성난 먹구름으로 둘러싸이고
우당탕 번개 치며 무자비하게 소낙비가 내려
곱게 핀 화초를 강타한다
힘없는 화초는 하얀 뿌리가 밖으로 나온 채
질식되어 누워있다

한바탕 전쟁을 방불하던 순간은 지나갔다
햇빛이 쨍하고 떠오른다
어두웠던 하늘에 흰 구름이 유유히 떠간다
화초의 뿌리가 마르기 전에 흙으로 덮어주었다

여름 소낙비는 잔인하다
나무가 뿌리째 뽑히고
집이 무너지며 전봇대가 넘어간다
여름철 무서운 재앙은 천둥 번개 소낙비다
재앙이 일어나지 않기를
항상 기도하는 사람이 되고 싶다

울고 있는 단풍

가을 길은 오색의 단풍들이 모여 있다
사박사박 단풍잎을 밟으면서
혼자서 걸어가는 내 모습이 처량하다
가을 산책하면서 오손도손 손잡고 걸어갔던 이 길을
혼자 뚜벅뚜벅 힘없이 걸어가고 있자니
다리가 주저앉고 싶어 한다
먼저 가신 그대가 그리워 눈물이 흐르고
사무치게 보고 싶어 가슴에서
눈물은 시냇물이 되어 굽이굽이 흘러간다
나뭇가지에서 빙빙 돌면서 떨어지는
단풍의 탄식 소리가 가슴을 친다

나뭇가지에서 내려앉은 새떼들이
청아한 곡조로 노래 불러준다
나의 사무친 그리움은 사라지고
푸르고 높은 가을 하늘이 나의 슬픈 가슴을 위로해주며
눈물을 씻어 준다
단풍도 눈물 그치고 햇빛처럼 해맑게 웃었다
나도 단풍 같이 웃었다

가을의 결실

나무 아래 수북하게 쌓인 고운 단풍잎 위에
두 발 쭉 펴고 편안히 앉아서
푸른 하늘을 바라보고 있노라면
향기 짙은 가을바람이 다소곳이 내 곁에 앉아
가을 노래를 불러준다
개들도 슬그머니 내 곁에 앉아있다
푸르고 높은 하늘 고개 들고 바라보는
개의 눈에는 가을 풍경이 담겨져 있다

어릴 적 일이 갑자기 머리에 떠오른다
흐뭇한 옹골진 결실의 가을
참으로 풍요로운 농촌
게다가 내가 살았던 고향은
쌀의 곡창지대 전북 김제시였다

농사지은 곡식들은 창고에 가득 쌓여
겨울잠을 자고 있다
어머니는 복만이 엄마에게 쌀을 듬뿍 퍼준다
고개 조아려 고맙다고 인사하고 득달같이 걸어갔다
복만이네 집 굴뚝에서 하얀 연기가 공중으로 올라가면

아버지는 한시름 놓인다면 어서 쾌차되어야 할 텐데
하고 가느다란 한숨을 내쉰다

복만이 아버지는 병상에 누운 지 꽤 오래되었다
소녀 시절 나는 동정심이 많았던 같다
아버지 복만이네 집에 쌀을 많이 주면 안 되나요
엄마에게 물어봐라
그리고는 아버지는 빙그레 웃으셨다

국화 향기

국화꽃 한아름 꺾어다 테이블에 올려놓았다
가을 햇빛은 바람과 함께 나뭇가지 붙들고
감미로운 블루스 춤을 추면서
가만가만 조심스럽게 국화 향을 내 가슴에 뿌린다

밖을 내다보는 늙은 고양이
나처럼 청춘을 회상하는 듯 지그시 눈을 감고 있다
바람에 흔들리면서 힘없이
떨어지는 낙엽 처량하다
나의 삶도 언젠가는 낙엽이 되어
조용히 소리 없이 떨어지겠지

나의 삶 떠나기 전 즐겁고 건강하게
행복을 누리며 살고 싶다
나의 일상생활에 은은한 국화향기처럼
조용한 삶에 겸손한 마음으로
주님 품 안에 포근히 안기고 싶다

가을 보름달

서산으로 넘어가는 황홀한 주황빛 노을이
부챗살처럼 펼쳐진다
순간 어둠이 깔리면서
둥근 보름달이 환한 기쁨으로 솟아오르고 있다

유난히 맑고 밝은 가을 달이 청순한 국화꽃에 안겨있다
하늘 높이 날아가는 기러기 울며
중천에 머물러 내게 묻는다
'차가운 날씨에 어찌하여 홀로 밤에 나와 있느냐'고
그리고는 나의 얼굴을 계속 훔쳐본다

나는 대답 못하고 고개만 푹 숙이고 있었다
하염없이 계속 눈물이 쏟아진다
그대가 이 세상에 존재하지 않기 때문에
슬프고 외롭다
때로는 밤하늘에 별님과 달님이 위로해 주지만
텅 비어 있는 내 가슴은 무엇으로도 채울 길 없다
그대와 희로애락을 같이 겪었던 세월이 생각나
눈물로 지새는 밤
둥근 보름달이 위로해준다

국화의 말

잔혹한 바람에 못 이겨 쓰러진 국화꽃이
일어나려고 몸부림치고 있다
아침부터 햇살은 국화를 일으키려고
노을이 서산에 찾아올 때까지 쉬지 않고 집중한다
광선을 내리쪼이고 정성을 다해 국화가 스스로
일어나기를 바라지만 소용이 없나 보다
하얀 속살이 뛰쳐나와 상처투성인 국화가
너무도 애처로워 눈물이 찔끔 흐른다

국화는 말한다
아직도 가을이 가려면 멀었는데
부러진 나의 몸을 어찌 할고
나는 국화의 한숨 소리를 들으며 귀를 쫑긋 세운다

국화야, 너는 넘어졌지만
네 향기는 변함없이 그윽하구나
가자, 내가 사람들이 모이는 곳에 데려가주마
나는 국화를 단장시켜 꽃병에 얌전히 꽂아
수선화 데이캐어에 모셔놓았다

국화는 사람들에게 기쁨을 주려고
소쩍새가 봄부터 울어주었고
천둥 번개는 수도 없이 쳤고
소나기 내리쳤어도 이겨내었고
사람들에게 독서하라 명령하고 싶어서
시원한 가을 날씨에 향기를 날린다

국화는 말한다
나를 기억해주오
나의 향기는 그대 가슴 속에 살고 있다오

일어나 공부하라 세월이 빨리 간다
나는 국화의 말에 정신 차리고 책을 읽는다

가을 하늘

푸른 바다처럼 가을 하늘은 푸르다
내 가슴도 푸르고 마음도 온통 푸르다
줄지어 날아가는 기러기 떼도 푸르다
푸른 청솔 나무에 앉은 참새는
짝지어 고운 노래 불러준다

뜰에 핀 국화꽃은 바람에 쓰러져 도움 청하며 울고 있다
가지는 상처를 입고 하얀 속살은 뛰쳐나와
전신은 상처로 둘러있고 쓰러져 일으킬 수 없다
조심스럽게 꺾어다 꽃병에 꽂아 테이블에 올려놓았다
향긋한 향기가 온 집안을 은은하게 눈송이처럼 날린다

나는 국화 향기에 취해 독서삼매에 빠져
새벽녘까지 책을 읽게 되었다
귀뚜라미도 쉬지 않고 노래 불러주었다
나와 귀뚜라미는 새벽녘까지 가을 붙들고
독서삼매에 빠졌다
가을 하늘은 푸르고 마음이 푸르니
머리도 맑아져 곡간에 양식이 쌓이는 것처럼
머리에 지식이 쌓여간다

가을 나들이

신선한 가을바람을 안고 나들이를 떠났다
푸른색 옷 입은 여름은 어디로 갔나
해님은 가을을 울긋불긋 찬란하게 색칠해놓고
행복한 미소를 짓는다

골짜기의 물은 노래를 부르면서
가을 모퉁이를 돌아서 희망의 바다로 간다
아래로 아래로 뛰고 넘으면서
하얀 분수를 튕겨가면서 흘러간다

다람쥐는 높은 나무에 오르락내리락
꼬리 흔들면서 도토리 찾기에 눈동자가 바쁘다
가을의 다채로운 색채는 정말 경이롭다
우리 아버지가 좋아하는 계절

숲의 나무마다 불꽃이 하늘 높이 치솟는
가을 풍경을 감상하는 나의 가을 나들이
조물주의 깊은 사랑에 내 영혼은 풍요로워져서
행복을 내 가슴에 가득 채웠다

비에 젖은 단풍

빨갛게 물든 단풍이 가을 축제에 참여하였다
온 세상, 산마다 밝은 불이 켜지고 황홀하다
온갖 새와 동물들이 모여
행복한 춤을 추면서 노래를 부른다

추운 겨울이 오기 전 마음껏 즐기는 노래에
시큰둥한 단풍은 근심에 쌓여 혼자 울고 있다
몸은 비에 젖어 먼 하늘만 응시하는
단풍이 처량하게 보인다

나는 갈퀴로 단풍을 긁어모아 놓았다
나무와 꽃들에게 거름이 되고 식량이 되어
화려한 강산을 장식하는
귀하고 귀한 일을 하는 단풍아
너의 희생은
다음 세대를 더욱 성장시키기 위한 것이란다
몸이 젖었다고 울지 마라
반드시 기쁜 날이 오리라

마른 꽃

물 없는 꽃병에 한아름 국화꽃을 꽂아
테이블에 올려놓았다
서서히 곱게 말라가는 꽃의 향기가
온 집안 전체에 가득하다
국화 향에 취한 나는 밥맛도 좋고
단잠도 이루며 기분도 좋아졌다

젊은 날에 기뻤던 추억들이 몰려와
행복에 잠겨 있었다
결혼 전 애인이었던 첫사랑의 남편과 만나던
흘러간 추억들이 꼬리를 물고 솟아난다
한바탕 행복에 잠겨진 지금 나는
젊은 시절로 유턴되었다

마른 국화 향이 내 청춘을 회복시켜 주었다

얄미운 된서리

나의 꽃밭은 백일홍과 국화꽃
형형색색의 꽃들로 가을 축제가 열렸다
벌나비들 노래하며 춤추고
다람쥐도 흥겨워 꼬리 흔들며 하늘을 바라본다
높고 푸른 하늘엔
줄지어 나는 기러기 떼들이 가을 노래를 부른다

아, 가을인가
나도 목청 높이 가을 노래를 불러보았다

국화꽃과 백일홍은 낮이나 밤이나
얼굴 맞대고 사랑의 대화를 나눈다
이슬비로 깔끔하게 몸단장한 꽃들
살랑살랑 애교의 꽃냄새가 내 가슴을 파고든다

이튿날 아침 일찍 꽃밭을 산책하였다
아름다운 백일홍이 서리맞아 혼이 나가고
빳빳한 시체로 서 있다
오, 마이 갓! 허무하구나
벌과 나비도 자취 쫓아 사라졌다

〈
여름꽃들은 모두 사그러지고
씩씩한 국화 너만이 홀로 남았구나
전신에 된서리를 뒤집어쓴 국화는
홀로 슬피 울고 있다

나도 서운하여 눈물이 흐른다
된서리 맞기 전에 꺾어다 꽃병에 담아둘 것을

슬픈 낙엽

고요하고 잔잔한 푸른 가을 하늘에
햇빛은 구름 속에 가려져 있다
구름에 묻혀 뾰족이 얼굴 내민 해님은
어둡고 근심 어린 모습이
내 가슴에 그늘이 되어 머물고 있다

한때 싱싱하고 청청했던
젊음의 패기는 흔적 없이 떠났구나
가을바람에 한 잎 두 잎 말없이 떨어지는 낙엽은
가느다란 찬 바람에 실려 눈물 맺힌다
낙엽 미련이 있는지 떨어진 자국을 바라본다
바람에 실려 가는 낙엽은 뒤돌아보면서 눈물 훔친다
나도 낙엽이 떠나는 것을 보고 눈물이 났다

눈 내리는 아침

창밖에는 눈이 조용하게 꽃잎처럼 날린다
바람은 살랑살랑 분다
그 옛날 낭만적인 감성은 머릿속에서 살아 일어나
추억에 눈을 지그시 감아본다
약혼 시절, 다방에서 시간 가는 줄 모르고
이야기에 꽃을 피우는 동안 눈이 내렸다
그때 둘이서 손잡고 오는 것을 본 엄마는
매우 기뻐하셨다

눈은 계속 내리고 있다
어릴 적 추억이 꼬리를 물고 일어난다
겨울철 명절이 끝나면 화롯불에 석쇠 위에
굳은 인절미 떡과 밤을 구워주시던 아버지의
도깨비 이야기와 교훈 되는 흥미진진한 이야기에
형제들은 둘러앉아 화롯불에 겨울을 지냈다
오늘 내리는 눈이 지난날을 회상시켜준다

세상 죄를 다 덮어주는 하얀 눈은 아름답다
그 옛날처럼 그대와 같이 커피를 마시면서
정담을 나누면 얼마나 좋을까

12월의 어느 비 오는 날

참새들이 전깃줄에 나란히 앉아
이른 아침 침묵 속에 조용하다
비가 부슬부슬 내리고 있는데 날아갈 줄 모르고
고개 숙이고 아래 땅만 내려다보는
새는 근심이 가득하다

다람쥐 두 마리는 도토리나무 위를
오르락내리락 꼬리 흔들며 분주하다
참새들이 우르르 떠나고 세 마리가 남았다
비에 젖은 참새에게
왜 비를 맞고 있느냐
무슨 사연이라도 있는지 물었다

겨울을 싫어한다
눈이 오면 식량 구하기가 힘들고
가족들이 굶주리게 되는 걱정에
비가 몸을 적시는 줄도 몰랐다고 했다

그 말에 나는 눈이 많이 오면
너희들에게 줄 식량을 넉넉하게 준비해 놓았다고 했다

그 말에 참새 세 마리가 인간들은 지혜가 있다면서
짹짹 고맙다고 노래를 부른다
이때 햇빛이 밝게 떠오른다
창조주가 곡간에 식량을 쌓아놓지 않았어도
기르고 먹여주시는 창조주가 항상 내 곁에 있으니
다만 늘 감사하며 기도할 것이다

겨울 호수

이른 아침 조용히 호숫가를 걷는다
물안개가 가득한 호수 안에는
기러기 떼들이 가득하다
앙상한 가지에 앉아서 참새는 짹짹
호수에 떠 있는 기러기 떼들과
서로 다정한 대화를 나누는 화기애애한 장면이 아름답다

추위를 모르는 저 새들이 참 부럽다
나는 추위에 몸이 떨려 구수다운 자켓 주머니에
양손을 넣고 걸었다
이파리는 모두 어디론가 날려 보내고
앙상하게 서 있는 나무가 쓸쓸하고 외롭게 보인다
다람쥐 한 마리가 힘차게 나무 위로 올라간다
참새들이 화들짝 놀라 자리를 옮겨
전깃줄에 나란히 앉는다
참새는 다람쥐를 약올린다
다람쥐 너는 전깃줄에 못 올라오지
바보 방해꾼 다람쥐 엥엥…

호수에 떠 있는 기러기도 합세한다

〈
야, 다람쥐 너 물속에 들어올 수 있어?
바보 다람쥐, 질투가 나서 우리의 이야기를 방해했지!

참새와 기러기가 싫어하는 것을 눈치 차린 다람쥐는
분노하여 참새와 기러기들을 번갈아 쏘아보며
한숨만 짓고 있다

겨울비

부슬부슬 가랑비가 내린다
부끄러운 듯 단장한 어린 신부의 걸음처럼
사뿐사뿐 조용히 내리는 비에 정감이 간다
쌓여있던 눈 다 녹여주어서 감사한 비
천천히 내리는 비는 봄을 준비하고 있다

비에 젖은 개나리는 울타리 너머로 얼굴 내밀고
꽃을 피우겠다고 기뻐하며 손뼉을 친다
흙을 부드럽게 매만지는 비가
사랑스런 엄마의 마음 닮았다
땅속에 묻힌 화초의 씨앗들이 몸부림치며
어서 봄이 오라고 외친다

얘들아, 내가 먼저 노란 꽃을 피울 때까지 기다려
개나리가 명령한다
따스한 햇살에 꽃봉오리가 맺혀있다
원추리 튤립이 기지개를 펴고 일어선다
밭을 일구어 꽃을 심을 계획에 마음 바빠진다
땅을 촉촉하게 만들어주는 겨울비에 감사한다

길가에 누워있는 사슴

참혹한 사슴의 죽음에 아무도 관심이 없다
어쩌다가 죽임을 당했을까
어린 새끼들이 한없이 어미를 기다리고 있을 것은
뻔한 일이다

사람에게 비유가 되면서 나는 슬퍼진다
엄마 엄마 부르다가
어린 자식들은 굶주리고 지쳐서 배고픔 안고 자고
일어나서 또다시 엄마를 찾을 것을 생각하니
눈물이 폭포수처럼 터져 나와 주체할 수가 없었다

노을빛

해는 저물어가고 노을빛이 찬란한 서쪽 하늘
주황색 부챗살이 사방으로 펼쳐진 하늘이 아름답다
구름도 색색으로 곱게 물들어있다
가을하늘을 나는 기러기 떼
조용히 구름 가로지르면서
정처 없이 어디로 가고 있는 걸까

고적한 밤중에 외로움에 젖어 눈물이 났다
잠도 도망갔다
한숨은 하얀 연기처럼 솔솔 피어오른다
가슴에 흐르는 눈물은 적은 호수가 되어
바람에 출렁출렁 끝없이 흘러만 간다

그 옛날 그대와 겹겹이 쌓인 희로애락
수많은 사연들이 영화 필름처럼 선명하다
가슴에 흐르는 눈물 소리가 귀에 들려온다

그대여, 울고 있는 나의 눈물을 보고 계신가요
벽에 걸린 결혼사진 속에서
그대는 행복에 넘쳐 웃고 있네요

고통과 괴로움 없는 곳에서 나를 기다리고 계신가요
머지않아 그대 만나기를 소망하며
그 나라 갈 때까지 행복을 맘껏 누리면서
이승에서 살아갈게요

무지갯빛을 장식하면서 노을은 사라졌다
별과 달이 기뻐 웃는 이 밤이 아름답고 거룩하다
그를 꿈에서 만나기를 갈망하며 단잠을 청하여 본다

호수에 떠 있는 별

호수 언덕에 눈이 쌓여 얕은 야산이 되었다
물결은 바람에 나부껴 출렁거린다
잠깐 휴식을 취하려고 호수에 내려앉은 별은
물결 위에서 반짝반짝 찬란한 광채를 아낌없이 토해낸다

밤이 아닌 밝은 낮에 별들로 가득한 호수는
아름다운 신천지가 되었다
작은 호수는 수많은 별들을 안고
뱃노래 부르며 즐거움에 흠뻑 취해 있다

물 위에 떠 있는 기러기 떼들 출렁거리는 파도를 타고
별들과 함께 신나는 노래를 부르고 있다

얄궂은 차가 클랙슨 소리를 크게 내지르고 가는 바람에
놀란 별과 기러기 떼가 하늘로 급히 날아 올라갔다

4부.
기도의 능력

면류관 crown of thorn

나의 리빙 룸은 작은 꽃밭이다
창을 뚫고 들어온 햇빛이 꽃을 사랑한다
면류관 꽃이 활짝 피어오르고 있다
정성 들여 물을 공급해준 꽃은
항상 나에게 미소 짓는다

성지순례 갔을 때 날카로운 바늘처럼
뾰족한 가지가 이마를 찔러 붉은 선혈이
이마와 얼굴에 피 얼룩을 만들었던
가시면류관을 쓰신 예수님의
그 참혹함에 하염없이 눈물만 흐른다

나의 죄를 씻어 주시고
영생의 길로 인도해 주신 주님만 사모하며
오늘도 무릎 꿇고 조용히
회개의 눈물이 주르르 흐른다

면류관꽃을 바라볼 적마다 가슴이 뜨거워진다
면류관 쓰신 주님은
온 인류의 죄를 담당하셨다

다 이루었다고 하시고 운명하신 주님
가시 없는 생명의 면류관 머리에 쓰시고 오실 때
나 일어나 영광의 주님 맞이하리다
아멘

추수감사절

아침 태양이 밝게 빛났다
일찍 일어나 동네를 한 바퀴 돌았다
터키 굽는 냄새가 집집마다 진동한다
커튼을 젖히고 밖을 내다보는 엄마는
대학에 간 아들을 기다리고 있다

이번에 딸은 터키를 오더했다
예년 해는 전부 가족이 한 상에 둘러앉아
화기애애하며 정담을 나누고 아버지의 간단한 설교
1620년 푸리마우스 청교도 첫열매로 인디언들과 잔치를 배설한
1621년의 설교를 끝마치고 축도한 후에
행복의 식사를 하였는데…
목사님의 자리가 비어 있다

허전하고 눈물이 나
목사님 대신 엄마가 식사 기도를 하였다
자꾸만 눈물이 흘러나와서
눈물 감추려고 큰 소리로 기도했다

아들이 엄마 아빠는 웃으면서 천상에
가신 아빠를 기뻐해야 한다면서…
추수감사절을 감사하시면서 식사하라고
터키를 접시에 올려주었다

배불리 먹고 취해 잠깐 낮잠이 들었다
남편 목사님은 능금 한 보따리를 들고 오셨다
이 능금은 특별한 과일이라면서
천상에서 가져왔다고 하신다
아이들과 먹으라고 하신다
비어 있었던 자리에 다소곳이 앉아
터키를 드시고 일어나신다
지나가다가 집이 궁금하여 들린다며
곧 또 들린다 하시면서 환한 웃음을 띄우시고
급히 나가셨다

눈뜨고 사면을 살펴보았다
아무도 없는 빈방
손자를 품에 안고 사진 속의 남편은 웃고 있다
나는 행복한 곳에서 늘 거문고의 곡조로
새 노래 부르는 곳에는 악한 짐승 없고
죄가 없는 곳에 살고 있다면서
손 흔들어주고 티 없는 구름 속으로 들어가셨다

귀뚜라미 우는 밤

고요한 초저녁 달빛이 희미한데
귀뚜라미는 밤공기를 진동시켜
내 마음과 가슴을 휘젓는다

별들이 반짝거리며 노래하는 하늘에
기러기는 조용히 어디로 가고 있는 걸까
귀뚜라미 쉬지도 않고 소리 높여 운다
시원한 가을에 독서하라고
내 곁에 찾아와 울어주는 걸까
여름 동안 책장에서 잠자고 있었던 책 위에는
먼지만 수북하게 쌓여있다
아차, 독서삼매경에 빠져 볼까
책장을 둘러봐도 어떤 책을 읽을까
책꽂이를 훑어봐도 묘한 생각이 떠오르지 않는다

고심 끝에 성경책을 읽기로 결정했다
일상생활에 지혜와 지식, 인내의 인격이
주님을 닮아가며
노년의 깊은 사랑이 풍성하기를 소망하였다

여름철 무더운 더위로 쉬고 있었던 성경책
새벽 2시가 넘도록 시편을 읽었다
시편 92장 14절
They will still bear fruit in old age
They will stay flesh and green.
"늙어도 결실하며 진액이 풍족하고 빛이 청청하며"
나는 그 말씀에 큰 감명을 받았다
매일 성경 읽기를 쉬지 않겠다고 결심하였다
나의 친구 귀뚜라미야, 너는 노래를 불렀고
나는 성경 속에서 주님을 만나 뵈었고
감사의 기도를 하였다
아멘

아이가 된 환자

퇴원하여 집에 온 환자는
내 집이 천국이라고 기뻐한다
집안을 샅샅이 눈으로 살펴본다
이렇게 편안한 집을 놓고 내가
어디서 살다 왔지
혼잣말을 하신다

보호자 없이는 혼자 힘으로는
아무 것도 할 수 없는 환자다
보호자가 눈에 안 보이면 walker 잡고
이 방 저 방 두리번거리면서 찾아다닌다

몸이 부자연스러워 맘대로 못 하니
가끔 짜증이 날 때가 있다
몸이 아프다며 어린애처럼 울상도 한다
인생이 참으로 허무하다고 푸념한다

엄마와 부인이 된 나는
때로는 선생이 되어 글씨도 쓰게 하고
성경책도 낭독하여 준다

찬송도 불러주면 순한 아기처럼
곧 쌔근쌔근 잠이 든다

음식 준비하여 주면 투정 부리지 않고
하루 세 끼 잘 잡수신다

몸이 완쾌되어 정신도 맑아졌다
젊은 시절 각광 받았던 아스라한 기억을 더듬으면서
과거에 화려했던 추억을 재미있게 들려준다
그리고는 일을 해야 하는데
왜 내가 하고 많은 날 집에만 갇혀 있지
이젠 몸이 가벼워졌다며 기분 좋아한다
새처럼 하늘을 날고 싶다고 한다

그리고 혼자서 은혜스럽게 찬송을 부른다
나도 감격하여 같이 따라서 은혜롭게 불렀다
그리고는 내일부터 일을 시작하겠다고 말한다

진실은 생명의 길

진실 없는 사람은 짐승보다 더 흉악범이다
인간의 탈만 썼다 뿐이지
구걸하는 거지의 쪽박까지도 짓밟는다
심지어 동냥 그릇에 담겨진 돈까지 훔쳐간다
눈으로 목격한 나는 눈에서 불꽃이 튄다
뒤쫓아가 한 대 쳐 눕히고 싶어 가슴이 벌렁거린다

착한 사람 찾아다니면서 등쳐먹고
헐뜯는 이성 없는 완전한 괴물이다
그 입술에는 거짓말을 일삼는 인간의 탈을 쓰고
허위만 내뱉는 악한 괴물은 법정에서도
거짓을 진실처럼 꾸며대는 일만 일삼는다
최후에는 진실이 허위를 물리쳐
뭇사람을 기쁘게 하는 승리의 대가는 진실이다

나는 거짓 악당이 소멸되기를 원한다
오직 전쟁 없는 평화만 이 땅에 존재하며
영원한 행복이 가득하기를
항상 기도를 잊지 않으리

진실 없는 자를 볼 적마다 울화통이 터진다
법정에서까지 온갖 재주를 원숭이처럼 부리지만
그런 사람은 필경 나무에서 떨어진다

자기의 행동이 옳은지 그른지 모른다
법정에서도 진실 없는 변명만 늘어놓는다
무법이 난무함을 찾아내는 진실은
뭇사람을 생명의 길로 인도하며
영원한 평화만 가득히 채우소서
아멘

기도의 능력

강치가 매섭게 추운 날
하루 종일 집에 갇혀 있자니 정말 답답하다
친구도 없다
혼자 커피를 마셨다
세월이 빠르게 지나간다

젊었을 때 고생도 참 많이도 했다
아이들이 한창 자라고 있을 때
밤낮 가리지 않고 땀 흘리며 열심히 일만 했다

젊은 날 나는 세탁소를 운영하였다
그리크란 사람이 건물주였다
그 사람은 성질이 괴팍하고 포악하여
피도 눈물도 없는 사람이었다
옆집 주얼리 가게의 두 달 렌트비가 밀렸다고
인정사정 없이 쫓아냈다

경제가 부진한 2월은 사업하시는 분들은
사업이 안 되어 울상이다
나 역시 렌트비 때문에 걱정이 태산 같다

쉬는 날 집 청소를 말끔히 끝내고 티 한 잔 마신 후
〈주 안에 있는 나에게〉 찬송가 455장 3절
"내 주는 자비하셔서 늘 함께 계시고
내 궁핍함을 아시고 늘 채워주시네"
찬송만 계속 불렀다

그러다 문득 책장 밑에
먼지가 수북하게 쌓인 책을 발견하였다
책 속에서 꽤 많은 돈이 나왔다
너무 반가워 남편에게 전화하였다
남편은 '휴우'하면서 오래전에 책 속에 넣어두고
까마득히 잊었는데 찾아서 기쁘다고 했다

걱정 끝에 집에서 기도하고 찬송 부른
나에게 성령님께서 인도하심에 감사하였다
그해 2월 렌트비가 해결되었다

무서운 상처

상처받았다고 오랜 시간 끙끙대며
한숨 짓고 있으면 잠도 도망간다
음식 맛도 잃고 몸의 생기가 사그라져
무서운 병마가 방문한다

응어리진 상처 풀지 못하면 가슴속에서
악이 싹터 사람을 헤치는 악마가
가슴속까지 파고 들어와 뼈를 갉아 먹고
혼을 빼앗아 갈 것이다

잠 못 이루고 뒤척이고 있노라면
같은 소리가 반복하여 들린다
환청 같기도 하고 종잡을 수 없는
내 머리는 사뭇 혼란스럽다

용기가 없고 연약한 나는
성경 속에 계시는 하나님께 간절히 호소하였다
어찌하면 좋으리까
너 상처보다 상대방 상처는 더 클 것이다
지체하지 말고 따지지 말고

네 자신부터 스스로 깔끔하게 씻고 뉘우치는
진정한 마음에서 우러난 사과를 하라고
내 귀에 들려주고 쏜살같이 사라졌다

나는 눈물로 정성을 다하여
용기와 관대한 마음과 지혜를 얻는
간구의 기도를 하였다
기도한 후 화해의 손을 내밀었다

서로의 잘못을 뉘우치고 사과를 하게 되니
가슴은 평화의 기쁨이 충만해졌다

전도하며

낮에는 모두가 일터에 나가
일하는 이민 가족을 만나볼 수가 없다
가게에 찾아가 만나는 사람들은 종교가 없다
이민 생활이 고되다고 푸념만 늘어놓는다
무더운 날은 음료수를 들고 찾아가면
고맙다고 하면서 반겨주기도 하지만
전도 이야기가 나오면 거부반응을 보이는 분이 많다

미국에 온 지 얼마 되지 않은 분들은 우선
아이들 교육 문제가 궁금하여 묻기도 한다
목사님은 개인 일을 전폐하고 최선을 다하여
전도에 심혈을 쏟고 도와주시기도 했다

전도하려고 어느 가게에 용기 내어 들렀다
나는 장미 한아름을 건넸다
부인은 미소로 받아준다
그런데 남편이 갑자기 나와서
부인이 손에 든 장미를
왈칵 빼앗아 쓰레기통에 넣어버린다

목사님은 안녕히 계시라는 인사를 하고
집으로 돌아왔다
나는 밤에 자면서 기도하였다
그 가정이 주님을 영접하도록 쉬지 않고 기도했다

얼마 후 전해오는 소식이 부인은 교회에 다니고 있고
남편은 절에 갔다는 소식을 들었다
부인이라도 주를 영접하면 훗날에 머지않아
그 가족이 부활이 있는 그리스도의
참 진리가 있는 교회에 나올 것을 기대하고 기도드렸다
오늘도 나의 기도가 헛되지 않고
그 가정이 함께 주를 영접하여 영생 얻기 바랐다
아멘

그대가 가신 날

아침 밥상 차려놓고 식사하시라고
남편을 불렀다
아무 반응이 없다
밥과 찌개는 식어가고 있다

답답한 나는 방에 들어가 소리쳐 불렀다
자고 있는 줄 알고 흔들어 깨웠지만
반응이 전혀 없다
손과 얼굴을 만져 보았다
뻣뻣하고 차갑다
여보 일어나 아침 식사해야지요
소리쳐 불러도 반응이 없다
호흡이 정지된 상태다
하늘이 무너지고 땅이 꺼져
하늘은 암흑이 되어
어둠 속에서 나는 소리쳐 울고 울었다

직장에 간 딸에게
아버지가 호흡이 정지되었다고 울면서 말했다
엄마 빨리 경찰 불러요

내가 곧 집에 갈게요
딸도 울면서 말했다

경찰과 의사가 왔다
의사가 남편을 체크업했다
경찰에게 의사는
참 행복하게 편안하게 가셨다고 말했다

미소를 살짝 웃는 모습으로 잠자는
얼굴은 금방 잠에서 일어날 것 같은 자세다

장의사 두 분이 왔다
긴 백에 남편을 넣어서 계단을 조심스럽게 내려갔다
차에 실려 가는 남편은 말 한마디 없이
조용히 떠나가셨다

그대가 떠나간 날 울고 울었지만
운다고 해서 살아올 리 없어 단념하고
나는 그대의 소품을 깔끔하게 정리하였다

그리움

그대가 집을 떠나간 지 100일 된 날
성서를 읽는 중에 졸음이 쏟아져
소파에 눈 붙이고 있는데
그대 생각에 눈물이 흘러 옷이 축축해졌다

아침밥 먹지 않아서 그런지 시장기가 돈다
일어나려고 몸부림쳐도 천근만근으로
눌려있어 일어나지 못하고 눈만 감고 있었다
도포 자락에 흰옷 입은 분이
내 귀에 조용히 속삭인다
얼굴은 볼 수가 없었다
여보, 나야
훌쩍거리며 우는 소리가 들려서
한 시간 전에 왔다면서
그만 눈물을 거두라고 하신다

당신의 눈물로 가운이 젖어
무거워서 걸어갈 수가 없다고 하신다
생시의 모습으로 눈물 훔쳐준다

깜짝 놀라 눈과 눈이 맞부딪쳤다
눈빛에 가슴 떨려
꿈인가 생시인가
아니 유령인가
분간하기 어려워 정신이 혼미해졌다

대낮에 집에 혼자 있었다
어디 갔다 이제 오셨어요 많이 기다렸는데요, 물으니
아무 데도 안 가고 집에만 있었다, 고 하신다
그제서야
'아 참, 유골상자 cremation를 집에 모셔 놓았지'
생각이 번쩍 나면서 숙연해졌다
60년 이상 동거동락한 세월은 짧기만 하였다
그리움과 보고 싶은 마음은 깊어져만 간다
오늘은 온종일 추억의 사진만
들여다보고 있었다

내 생일에

수선화 데이케어에서 첫 번째 생일을 맞이한
85번째 생일날 축하객 80명에게
절편 한 팩씩 배부하였다

어릴 적 어머니가 차려주는 생일잔치 상은
미역국에 푸짐한 팥 고명 시루떡이었다
친척들과 이웃이 함께하는 저녁 식사가 끝나면
떡을 싸주시곤 하셨다
언니와 내가 연속으로 딸로 태어난 덕에
부모님은 나를 '딸고만'이란 이름을
초등학교에 들어갈 때까지 불렀다
그리고 내 아래는 남동생이 세 명 연속으로 태어났다

일손이 끝난 겨울은 농부들이 한가하다
내 생일은 동네 사람들이 기억한다
나는 '딸고만'이란 이름값으로
위로 오빠와 딸 둘 아래로 아들 셋 육 남매가 되었다

수선화 데이케어에서 생일 축하송을 불러주었다
부부 친구가 특별히 감명 깊은 생일 축하송을 불러주어

내 영혼이 맑아져 행복이 가슴 가득히 넘쳐들었다

수선화 데이캐어 동료 친구들과 직원들 덕분에
넘치는 즐거움으로 만족한 하루를 보냈다
다음 생일에도 축하송을 기대해본다

연 날리는 설날

눈 내리고 바람이 가볍게 불어서
연날리기에 좋은 날씨다
오빠는 하늘 높이 연을 날렸다
꼬리를 흔드는 연은
웃으면서 멀리멀리 훨훨 새처럼 날아간다
연줄이 다 풀렸다

오빠가 '연줄을 잠깐 잡고 있어라'고 하였다
차가운 내 손이 그만 연줄을 놓쳤다
연은 혼자서 날아가 보이지 않는다

오빠는 화가 나 있다
오빠는 못내 아쉬운 표정으로 내 손을 잡고 집에 왔다
나는 아버지를 보자마자 엉엉 울었다
연줄을 놓쳐서 연이 하늘로 날아갔다고
오빠가 아버지께 말씀드렸다

아버지는 다시 연을 만들어셨었다
나는 기분이 좋아 들녘으로 뛰면서
오빠는 소리 높여 노래 불렀다

〈

다른 오빠는 누이동생을 쥐어박고 야단을 치는데
나의 오빠는 누이동생을 쥐어박지도 않았다
내가 우는 것이 몹시 불쌍했던 모양이었다
나는 오빠를 잘 따르고 순종했다
오빠는 동생들을 아끼고 사랑해주는 장남이었다

설날이 올 적마다 오빠 생각에 눈물이 흐른다
형제들과 같이 놀던 어린 시절 철없던 때가 그리워진다
설날이면 어머니가 끓여주시는 떡국은 그야말로 별미였다
다시 한번 먹을 수 있다면 얼마나 좋을까
그 옛날이 그리워진다

조용한 방안

고요한 이른 아침 가을 햇살은
창 너머에서 서성이고 있다
그대가 좋아하는 찬송가 434번
〈나의 갈 길 다가도록〉 찬송을 부르면서 피아노 쳤다
그대 생각에 눈물이 강물처럼 흘러
피아노 건반 위에 뚝뚝 떨어진다
눈물로 악보를 볼 수가 없다

갑자기 등 뒤에서 어깨를 두드리는
감각에 뒤돌아 보았다
남편이 생시의 모습으로 빙그레 웃고 서 있다
여보 언제왔어요, 너무 반가워
일어나 포옹하려고 하는데 놀라 웃으면서 딸이
난 여보가 아니오, 엄마 딸입니다
엄마 아침 식사해요

쏟아지는 눈물을 딸에게 보이지 않으려고
나는 고개를 숙이고 밥을 먹었다
커피를 타 주는 것도 나중에 마시겠다며 자리를 피했다

엄마, 아빠는 좋은 나라에 편하게 계시는데…
울지 말아요, 하는 딸도 눈물이 글썽하다
눈물 씻고 사진 보고 있노라면
기쁘고 행복했던 추억들이 사진 속에서
꼬리를 물고 주마등처럼 필름이 쏟아져 나온다

나의 친구 귀뚜라미

여름 내내 데워져 잠만 자던 책들이
저마다 고개 들고 일어났다
여름은 밀려가고 가을은 승전가를 부르면서 온다
푸른 바다 물결이 바위를 튕기면서
하얀 분수가 흰 꽃이 되어 가을을 찬미한다

주황빛 노을은 서쪽 하늘로 사라져가고
어둠이 방긋 웃으면서 시원한 바람을 몰고 왔다
여름 매미는 나무 그늘에서
아침 점심때면 간드러지게 노래를 불렀다
이젠 철이 바뀌니 귀뚜라미가 가을 노래를 불러준다
아차, 독서의 계절이 왔구나
나는 시원한 저녁 책상에 앉아 다소곳이 고개 숙이고
책장을 한 장 한 장 넘기며 읽고 있는데
얄궂은 졸음이 찾아와 눈을 감기게 한다
때마침 조용했던 귀뚜라미가 갑자기
소프라노로 노래하는 바람에 졸음이 도망쳤다

내 시집 제목이 『분만 왕진 가던 날』
조용하고 깊은 밤

내 시집을 읽으면서 가슴이 뭉클해졌다

지난날 사건들이 생생하게 살아나서
하염없이 흐르는 눈물
책장에 뚝뚝 떨어지는 소리에
귀뚜라미도 흐느껴 울어주었다

생일파티

오늘은 나의 생일날
세월이 번개와 같이 지나갔다
이제는 나의 젊음이 저물어가는 생일

아이들은 백화점에서 선물 보따리를 들고 집에 왔다
아빠 엄마 생일 선물 사왔어요
아빠, 엄마 생일 선물 준비하셨나요
아빠는 오래전부터 엄마의 생일 선물을 준비해 놓았단다
보여줄 수 있나요
내일이면 볼 수 있다

아이들은 케이크에 촛불을 켜놓고
선물 보따리를 내놓았다
아빠의 선물은 보이지 않는다
생일 축하 송이 끝났는데
남편은 갑자기 와락 나를 뜨겁게 포옹하였다
이것이 엄마에게 주는 나의 선물이라고 하였다
아이들은 손뼉 치고 서로 포옹하고
생일 축하 노래를 부르며 파티를 하였다

나의 꽃밭

꽃들은 철 따라 피고 진다
벌과 나비들은 꽃이 만발하면
시도 때도 없이 넘나들면서 꿀을 채취하기 분주하다

나비는 이 꽃 저 꽃 옮겨 다니며
날갯짓으로 꽃봉오리 터치한다
종일 일에 바빠서 피곤한지
꽃 속에서 휴식을 취한다
그리고 벌을 불러와 양식을 구하도록
친절하게 정보를 제공해준다

나는 벌 나비가 올 수 있도록
정성껏 꽃에 물을 주고 영양분을 제공해주었다
내 정성을 알아차린 해님은 환한 웃음을 지으며
햇볕을 골고루 비춰주고 있다

모든 것이 서로 협력하여 아름다움으로 형성된
나의 꽃밭은 하나님의 사랑이 머물러 있는 곳
오늘도 나는 꽃밭에서 벌과 나비를 만나려고
종일 서서 기다리고 서 있다

화분 crown of thorns

아침 햇빛이 찬란하게 비추는 창가에
화초들이 즐비하게 자라고 있다
나의 리빙 룸에 꽃밭을 이루었다
형형색색의 꽃들이 모여 살고 있다
아쉽게도 꽃들은 나비와 벌을
만나지 못하여 심히 외롭다

영양이 풍부한 나뭇가지에
새끼 움이 셋이 돋아나왔다
꺾어서 화분에 옮겨 심었다
튼튼하게 자란 가지를 이 목사님과
친구에게 선물하였다

은퇴 목사님은 하모니카 제자들과
전도사역을 계속 끊임없이 하시는 귀하신 일꾼

친구는 성실한 나의 독자
내 수필과 시집을 열심히 읽는 모습에
작가인 나는 감동을 받았다

잔인한 로마 병정은 가시가 칼날처럼 예리한
Crown of thorns 왕관을 만들어 머리에 씌워
붉은 피로 낭자한 얼굴과 이마에 줄줄 흐르게 한
꽃이라고 알려졌다

꽃에 감동된 친구는 잘 키우겠다고 하였다
그 친구는 수선화 데이캐어에서 만난 교회 권사님
존경스럽고 사랑스러운 인격적인 감동에 녹아난 나는
화분을 선물하게 되었다

* Crown of thorns : 예수님이 십자가에 못 박히실 때 쓰신 면류관

고요한 밤

어두운 광장에 문이 열린다
무대 위에는 희미한 촛불을 든
천군 천사들이 둘러서 있다

각자의 손에 촛불을 질서 정연하게 켜 들고
고요한 밤 거룩한 밤 어둠에 묻힌 밤
청아한 곡조가 광장에 기쁨으로 울려 퍼진다

펄럭이는 촛불은 하늘에 별처럼 반짝인다
별 따라 오신 동방박사의 강보에 싸인
아기 예수에게 경배드렸다

우리를 죄에서 구원하실 왕이 탄생함을 아시는
별을 따라서 기쁨으로 아기 예수를 만나보았다
어두웠던 광장은 찬란히 눈부신 광선으로
관람객들과 수선화 데이캐어 천사 천군에게
한없는 기쁨의 축복을 내려 주셨다

Merry Christmas

한 해를 보내며

아아, 인생은 허무하니 잡을 수 없네요
사랑한 그 사람은 나를 떠났네요
하늘에 떠 있는 별 반짝이며 웃어요
밝은 웃음 크게 웃는 보름달이네요
아아, 기뻐서 웃어주니 행복 넘쳐요
망각한 그 추억이 살아 일어나요
하늘도 기뻐하며 웃어주는 행복을
인생은 희로애락 잡을 수 없네요

홀 안을 잘 둘러보세요
찾을 수 있을 것입니다
쥬리아는 뒷좌석에 눈을 돌려
뒷좌석에 앉은 분들을 샅샅이 훑어본다
박희택 전도사님 맞아요
맞아요, 잘 맞추웠어요
수선화 데이캐어 친구들이여
대가족은 서로 주고받는 풍성한 선물로
2023년를 무사히 보람 있게
2024년을 즐거움과 행복으로 환영할 수 있도록
여호와 하나님께 기원하였다
Merry christmas and happy new year.

작품해설
생명 존중을 통한
진실한 삶의 언어

- 김순진 문학평론가

작품해설

생명 존중을 통한 진실한 삶의 언어

김순진

유인자 시인이 두 번째 시집을 내신다. 첫 시집을 내신 지 꼭 2년 만이다. 처음 유인자 시인께서 필자가 발행하고 있는 종합문예지 ≪스토리문학≫에 등단하기 위하여 작품을 보내오고, 시집의 원고를 보내왔을 때 나는 깜짝 놀랐었다. 미국으로 이민을 가신 지 50년이나 지난 분이 어찌 이렇게 우리 말과 우리의 정서를 잘 간직하고 있었을까 궁금했다. 그의 시는 지금도 한국 땅에 사시는 듯 한국의 정서를 고이 간직하고 있었고, 한국말을 한국 사람보다 더 조탁하여 쓰고 있었다. 어떻게 그렇게 우리 말을 잊지 않고 간직하고 있었을까를 생각해보니 그것은 꿈에 대한 지속적인 도전 때문이었다. 언젠간 시인이 되고 수필가가 되어야겠다는 소망…. 사람은 누구나 다 늙는다. 그러나 그 생각까지 늙는다고 단정 지을 수는 없다. 나이가 든 사람도 얼마든지 기발한 생각을 해낼 수 있기 때문이다. 소망은 뇌에 대한 노화를 지연시키고, 희망의 다리로 데려간다. 우리가 일상생활에서 사용하는 대부분의 것은 공장에서 다량으로 생산한 제조용품이다. 그래서 그 물건의 한쪽 귀퉁이에는 제조년월일이 찍혀 있거나 유통기한이 찍혀 있다. 한번 기계의 금형 틀을 만들면 그 공장이 망하든지 디자인을 바꿀 때까지 똑같은 과자와 똑같은 사탕, 똑같은 형광등과 똑같은 지우개를 생산해낸다. 그래서 우리는 그것을 제조라 이른다. 그렇지만 시인이 쓰는 글을 우리는 제조라 하지 않는다. 창작이라 한다. 모든 것이 다르기 때문이다. 시인은 하나님과 동격이다. 하나님께서는 세상 만물을 창조하셨다. 이 세상에서 창創이란 글짜를 쓸 수 있는 사람은 하나님과 예술가뿐이다. 하나님은 창조하시고, 예술가는 창작한다. 하나님께서 창조하신 세상 만물이 어느 것 하나 똑같은 것이 없듯이, 창작이라 함은 내 작품일지라도 표절 없이 순수 창작물이어야 한다. 그래서 유인자 시인이 대단해보인다. 그는 늘 고뇌한다. 늘 꼬투리를 잡고 늘어진다. 그리고 기어이 한 작품을 창작해낸다. 그의 그런 창작습관은 그를 두 번째 시집과 두 번째 수필집을 내게 이끌어가면서 본격적으로 시를 쓰시기 이전보다 더욱 정신적으로 더욱 젊게 만든다. 첫 시집을 내신 지 2년 만에 또 시집을 내신다는 것은 유인자 시인이 얼마나 시를 사랑하고, 시와 함께 살고 있으며, 시에 진심인가를 가늠할 수 있다.

그럼 이쯤에서 유인자 시인의 생각이 얼마나 젊으며, 얼마나 밝은지 그녀의 시 몇 수를 읽어가면서 그녀의 마음세계를 여행해보자.

1. 동물을 통한 인생 관찰

장독대 옆에는 우람한 큰 나무가
안테나처럼 반듯하게 높이 서서 동네를 내려다본다
나무 꼭대기는 온갖 새들의 쉼터다
아버지는 까치가 울면
기쁜 소식과 귀한 손님이 온다는 징조라며
주섬주섬 옷을 갈아입고 배낭을 메고 장 보러 가신다

까마귀가 나무에 내려앉아 울면
어머니는 불길한 징조라 하셨다
그날 어머니와 가까이 지내던
병석에 누워계신 지 꽤 오래되신
동네 할머니가 그만 세상을 떠나셨다
며칠 전 까마귀가 까욱까욱 나무에서 울어대더니
할머니가 그만 세상을 떠나셨다면서
어머니 뺨에서 굵은 눈물방울이 흐르는 것을 보았다

어릴 적 나는 까치가 나무에서 노래하기를 바랐다
아버지가 시장에서 과자와 눈깔사탕을 사 오시면
동생들과 맛있게 먹었던 기억이 날 때면
어린 시절로 돌아가고 싶은 충동이 일어나곤 한다

- 「새의 예고」 전문

인간은 자연을 벗어나 살 수 없다. 눈을 뜨면 자연이 우리를 지켜보고 있다. 자연은 우리에게 끊임없이 먹을 것과 땔감을 보내주지만 우리는 그에 대한 감사를 모른다. 우리는 끊임없이 자연에게 배우고, 자연을 학습하며, 자연을 따라야 한다. 그러나 사람들은 스스로 잘났다고 자연의 말을 듣지 않고, 자연을 훼손하며, 자연에 반기를 든다. 그럴 때 자연은 가끔 작은 소리로 꾸지람하지만, 사람은 자연의 꾸지람을 간과한다. 그럴 때 자연은 몹시 분노하여 산사태를 일으키고 강을 범람시키며 인간의 모든 것을 앗아간다. 그렇지만 인간은 자연이 분노할 때 스스로 낮아지고 반성하는 듯 보이지만, 그때뿐, 언제 그랬느냐는 듯 자연을 망각하고 자연의 신성함을 훼손한다. 인류가 태어나고부터 인간은 자연을 의지하고 자연에 복종하며, 자연을 숭배해왔다. 이는 자연을 통한 반성문의 시다. 큰 장마가 진다는 것을 아는 개미들은 집이 침수될 것을 미리 알고 이사를 간다고 한다. 지진이 날 것을 감지한 쥐들은 미리미리 이사를 간다고 한다. 유인자 시인의 말씀처럼 어릴 적 까치가 울면 길조라 하고, 까마귀가 울면 침을 퉤퉤 뱉으며 기분 나쁨을 표현했다. 새는 인간에게 자신들의 죽음을 보여주지 않는다. 그렇게 많은 새들이 지구상에 살아가지만, 나는 새의 사체가 길바닥에 뒹구는 것을 거의 본 일이 없다. 새는 어디로 가서 죽는 것일까? 그래서 새의 주검을 본 적 없는 사람들은 죽어서 새가 되고 싶은 소망을 꿈꿔왔던 것 같다. 제비가 날아오면 봄이 오고, 뻐꾸기와 꾀꼬리가 울면 여름이 오며, 접동새와 부엉이가 울면 가을이 오는 새의 예고…. 가끔 날아가면서 '쪽박 바꿔줘, 쪽박 바꿔주.'라며 우는 쪽박새가 매정한 시어머니가 작은 쪽박으로 쌀을 퍼서 밥을 하라고 일러, 식구들 밥을 푸고 나면 자신이 먹을 것이 없어 굶어 죽었다는 새의 전설은 우리네 어머니들을 생각게 한다. 사슴은 고귀한 짐승이고 노루는 재수 없는 짐승이라던 선조들의 사고방식은 짐승들을 통해 분노를 삭이고 위로를 받는 인간들의 나약함과 자연을 의지하고 살아가는 인간의 본성을 엿볼 수 있다.

> 추수가 한창인 벌판
> 달구지에 볏단을 가득 싣고
> 이랴 이랴, 소를 몰고 가는 농부의 마음은 바쁘다
> 주황빛 노을까지 달구지에 올려놓았다
> 볏단도 기쁨으로 가을을 노래하며 따라간다
>
> 뒤따라가는 송아지는 배가 고픈지
> 계속 '엄마 엄마' 부른다
> 마음 아픈지 엄마 소도 '음매 음매' 화답한다
> 등에 업힌 아이도 송아지 따라 '엄마 엄마' 흉내를 낸다
> 빨리 볏단을 나르느라 송아지 수유 시간을 놓쳤나 보다
> 착한 농부는 알아차리고, 목적지에 다 왔다
> 여물에 콩을 넣어 맛있는 저녁을 줄 것이다
> 시장한 송아지도 맘껏 배를 채운다
>
> 친정집에 도착한 아이는 고개를 돌려
> 길에서 만난 엄마 소와 송아지를 찾고 있다
> 아이야, 여기는 외갓집이다
> 수유 끝난 아이는 금세 잠이 들었다

- 「짐 실은 어미 소」 전문

동서고금을 막론하고 소는 인간의 친구이자 노동력의 상징이었다. 농경사회에서 소는 재산이었고, 부의 척도였다. 나는 어릴 적 소를 위해 수없이 많은 노동을 하며 자랐다. 학교에서 다녀오면 늘 외양간을 치워야 했고, 꼴을 베어야 했으며, 겨울이면 소에게 덕석을 입히고, 개울가로 소를 끌고 가 겨우내 외양간에서 생활하느라 엉덩이에 붙은 똥 덩어리를 긁개로 긁어내며 냇물에 씻겨주곤 했다. 여물을 끓이기 위해 아버지와 작두질로 여물을 써는 것도 맏이인 나의 일이었고, 여물 끓일 나무를 해오거나 여물을 끓이는 것도 나의 일이었다. 그래서 소는 나의 친구였고, 때론 원수였다. 그런 나의 수고는 어느 날 하루 아침에 수포로 돌아가기 일쑤였다. 가난한 소작농의 우리 집은 늘 남의 송아지를 데려다가 길러야 했는데 일명 '장려소'라 불리는 남의 집에서 데려다 기르는 송아지…. 그 송아지를 2년쯤 길러 어미가 되어 송아지를 낳게 되면, 그 어미소를 주인한테 빼앗기고 송아지가 우리 소가 되는 불편한 진실이었기 때문에 어린 나는 그런 어른들의 몰상식한 계산법에 분노해야 했다. 열심히 꼴을 베어다 먹이고 냄새나는 쇠똥을 밟고 외양간을 치우며 애써 기르고 나면 기른 소를 주인에게 빼앗겨야 하는 불편한 진실…. 그래도 송아지라도 챙길 수 있으면 좋으련만 그 송아지가 다 자라기도 전에 아버지는 돈이 궁하다며 우시장에 내다 파셨다. 송아지가 없어지던 날 학교에서 돌아온 나는 너무나 슬퍼 식음을 전폐하고 며칠씩 앓아누워야 했는데 지금도 그때를 생각하면 가슴이 에인다. 이 세상의 동물 중에서 천사가 있다면 그것은 아마도 몸집이 큰 짐승일 것 같다. 소와 말이 그렇고, 낙타가 그러하며, 코끼리가 그러하다. 인간은 그 짐승들이 순하고 영리하다는 이유만으로 그들에게 생살을 찢어 코를 뚫고 끈을 매어 구속해왔다. 이젠, 자동차가 나오고 오토바이와 자전거, 게다가 퀵보드와 나는 양탄자까지 현실화된 이 마당에, 이제는 제발 그러지 말았으면 좋겠다. 육고기를 먹기 위한 수단으로 동물을 기르는 것은 인간의 생존본능이라 어쩔 수 없다고 하지만 소의 코를 뚫고 코끼리의 귀를 쇠꼬챙이로 찌르는 학대는 그만두었으면 좋겠다. 얼마든지 기계의 동력이 가능한 세상이 되었으니, 동물들을 노동으로부터 해방시켜주었으면 좋겠다.

2. 투철한 직업정신

> 급물살 흐르는 냇가에
> 네 살 먹은 사내아이가 물속에서 허우적거린다
> 나는 냇물에 빨래하러 갔다가 그 아이를 발견하였다
> 농사철이라 아이 혼자 두고 들에 간 사이에
> 아이가 물에 빠져 몸부림치면서 떠밀려간다
> 떠밀려가는 아이를 잡으려고 안간힘을 써도

아이는 쉽게 잡히지 않는다
잡혔다가 놓치기를 반복하였다
겨우 건져진 아이의 배가 물로 가득 찼다

아이를 엎디어놓자
배속에 들어간 물이 입에서 콸콸 쏟아져 나왔다
나는 간호사였기에 아이의 생명을 구할 수 있었다
이 광경을 지켜본 농부는 나에게 칭찬을 아끼지 않았다
해가 저물어 돌아온 부모는 아저씨에게 소식을 듣고
눈물 흘리면서 고맙다고 고개를 조아려
수없이 감사하다고 말했다

혼자서 차 마시면서 창밖을 내다보았다
하늘에서 눈송이가 꽃잎처럼 날리는 대낮에
고향 생각에 잠겼다
문득 아련한 생각이 떠오르면서
급물살에 떠밀려가는 아이의 생명을 구해준 일이 생각났다
그 아이도 이젠 노인이 되었겠지

— 「생명을 구하다」 전문

유인자 시인은 지금은 은퇴하신 분이지만 그의 직업은 간호사였다. 이 이야기는 그녀가 한국에 살 때 빨래하러 빨래터에 갔다가 경험한 이야기다. 한참 빨래를 하고 있는데 안 아이가 물에 빠져 허우적거린다. 깊은 물에서 그 아이를 여러 번 건졌다가 놓치는 일이 반복되는 과정에

서 젊은 간호사의 심정은 어떠했을까? 자신의 목숨이 위태로운 상황에 기어이 큰물에 몸을 던져 아이를 건져내고 물을 토하게 하는 위급한 상황이 실제 상황을 옆에서 보는 것처럼 눈에 선하다. 어릴 적에는 그런 일이 많았다. 한번은 장마 때였는데 다섯 살짜리 여동생이 냇물을 건너다가 물에 떠내려가는 것을 큰오빠인 내가 멀리서 발견했다. 나는 사력을 다해 달려와 물에 뛰어들었고, 결국 여동생을 큰물에서 건져내고 여동생의 목구멍에 손가락을 넣어 울컥울컥 물을 토해내게 했던 일이 생각난다. 그때 내 나이 아홉 살이었다. 어린 내가 어찌 그런 기지를 발휘했는지 지금도 모를 일이다. 그 여동생은 지금까지 나에게 잘한다. 나도 물에 빠져 죽을 뻔한 일이 두 번 있다. 한번은 큰 저수지의 상류에 들어가 수영을 배울 때였는데, 갑자기 저수지가 깊어짐을 느꼈다. 아무리 발을 버둥대도 물속의 언덕에 발끝이 자꾸만 미끄러지며 여러 번 물을 마신 것이다. 나는 그때 '이러다 죽을 수도 있겠구나'란 생각이 머리에 스쳤다. 그래서 몸을 펴고 아예 물속으로 몸을 잠가 잠영으로 헤엄을 쳐 낮은 곳으로 나와 목숨을 건졌다. 또 한 번은 4학년 여름방학 때 친구들과 큰 개울인 동구 밖의 한탄강 상류로 가서 큰 바위에서 다이빙하며 놀 때였다. 그곳은 냇물이 넓어서 나는 기진맥진해서 사력을 다해 건너가고 있었는데, 한 중학생이 내가 수영을 잘하는 줄로 알고 나를 다시 물로 밀어 넣고 밀어 넣기를 반복했다. 나는 그때 정말 많은 물을 먹었고, 실신했었다. 다행히 그곳에 함께 있던 어른이 내가 먹은 물을 빼주며 응급조치해주어서 살아났지만, 지금도 그때를 생각하면 몸서리쳐진다. 아마도 그때 그 어른처럼 유인자 시인이 어린애를 구해주었을 것 같다. 그때 내 생명을 구해주신 그 남자분에게 난 지금껏 감사의 인사를 전하지 못했다. 이 지면을 빌어 감사의 인사를 전하며 생명의 소중함을 몸소 실천하신 유인자 시인께도 감사의 인사를 전한다.

> 서울운동장 축구 경기가 시작되는 날
> 인산인해가 된 서울운동장은 사람들로 북적거렸다
> 나는 미장원에서 머리를 매만지고 나왔다
> 여자의 날카로운 고함소리가 들린다
>
> 한 남자와 애 업은 여자가 고성을 지르면서
> 싸우는데 말리는 사람이 없다
> 엄마의 등에 업힌 아이는 울고
> 여자의 코에서 붉은 코피가 흐른다
> 나는 삿대질하는 남자의 등을 쳤다
>
> 아이 업은 연약한 여자를 왜 쳤느냐고 물었다
> 아 글쎄 계란 값을 주었는데 안 받았다고
> 계란 값을 당장 내야 오늘 계란을 준다기에
> 화가 나서 그만 손찌검하게 되었다고 한다
>
> 여자도 울고 등에 업힌 아이도 울고 있다
> 보건소 출근 시작종이 밖에까지 들린다

얼른 뛰어가서 출근 도장 찍고 나오다가
보건소 소장님을 만났다
웬 피가 가운에 묻어있느냐고 묻는다
계란 장수 코피가 내 가운에 묻어
피로 지도가 그려져 있었다

싸움 말리다가 묻은 피라고 소장님께 말씀드렸다
분만이 가까운 임산부가 싸움 말리다 사고라도 나면
어쩌려고 위험한 일을 했느냐고 하신다
점심시간에 포장마차 아저씨에게 등을 쳐서 미안하다고
정중히 사과하였다

그 아저씨가 지나가는 나를 불러 호떡을 싸주셨다
어제 그 애 엄마가 자기가 받았는데
수첩을 잃어버려서 기억이 안 나서 싸우게 된 것이라며
그 애 엄마에게 사과했다고 했다 그리고
싸움 말려주셔서 그날 고마웠습니다
그 아저씨는 내게도 인사를 했다

- 「싸움을 말리다」 전문

이 이야기 역시 유인자 시인이 한국에서 간호사로 생활할 때의 이야기다. 그 시절 유인자 간호사는 아마도 서울운동장 근처에서 근무를 했었나 보다. 지금으로 말하면 제일 좋은 곳에서 근무하는 잘나가는 직장인이었다. 서울운동장에서 축구경기가 시작되는 것을 보니 아마도 K리그를 처음 시작기 전이었나 보다. K리그는 1983년 5월 8

일 슈퍼리그라는 이름으로 시작되었으니, 그때 유인자 시인이 말하는 축구경기의 시작은 아마도 봄철 실업축구연맹전 같은 경기였을 것 같다. 당시엔 봄가을로 봄철 실업축구연맹전, 봄철 대학축구연맹전 같은 이름을 붙여 전국축구대회를 했다. 아무리 아기 업은 엄마가 한 아저씨한테 뺨을 맞는 장면을 보았다지만, 유인자 시인은 그때 뱃속에 아이를 가진 임산부였다. 뺨을 맞아 입에 피가 묻어 있는 아이 엄마의 얼굴의 상태라면 쉽게 말리러 들지 못하였을 텐데 임산부의 몸으로 싸움을 말리는 것을 보면, 유인자 시인이 평소에 얼마나 적극적인 삶을 살아왔는가 엿볼 수 있는 대목이기도 하다. 혹자는 세상에서 가장 재미있는 구경이 싸움구경과 불구경이라고 한다. 그러나 그 말은 방관자들의 말이다. '불난 데 부채질한다.'는 말도 있는데, 그 말은 '화난 사람한테 더욱 화를 돋운다.'는 뜻으로 쓰인다. '때리는 시어미보다 말리는 시누이가 더 밉다'란 말은 '말리는 척하면서 시어머니를 편든다.'는 뜻으로 '가재는 게 편'이란 속담을 생산하기도 했다. 그렇지만 올바로 된 사람이라면 유인자 시인처럼 '싸움은 말리고 불은 끄랬다.'는 걸 기본 이치로 생각하는 사람일 게다. 키 큰 사람과 키 작은 사람이 싸울 때 누구의 편을 들 것인가? 의붓아버지와 딸이 싸울 때는 누구의 편을 들 것인가. 대부분의 사람들은 키 작은 사람과 딸의 편을 들겠다고 말하지만, 그것은 틀린 말이다. 키 작은 사람이 나쁜 사람일 수도 있고, 딸의 의붓아버지를 모함할 수도 있다. 사건을 잘 판단하여 정의의 편을 들어야 한다. 수첩을 잃어버린 호떡장사의 실수로 **뺨**을 맞게 된 아기엄마는 얼마나 억울했을까? **짧**은 순간에 정의의 심판을 내려 준 유인자 시인의 기지에 감동한다.

3. 감사는 감사의 인연을 낳고

>정신만 차리면 호랑이에게 물려가도 살 수 있다고
>나의 아버지는 지론처럼 늘 말씀하셨다
>초등학교 2학년 겨울 방학 직전에 있었던 일이다
>장난치다가 상급생이 밀쳐서 전북 망경강 높은 다리에서
>발을 헛디뎌서 떨어졌다
>
>광목 치마 둘러 입은 가운데는 책보가 묶여 있었다
>내가 꽃잎처럼 바람을 타고 추락할 때
>홀연히 강한 바람이 밑에서 솟아 올라와
>치마가 낙하산처럼 위로 올라가 중력을 조절해준 덕에
>천천히 안전하게 두 발이 땅에 닿았다
>순간 현기증이 일어나 정신을 잠깐 놓았다
>
>소식 듣고 급히 달려온 오빠 등에 업혀 병원에 갔다
>의사는 큰 지장은 없다면서 큰 병원을 추천했다
>큰 병원에서도 다행이라면서
>등에 안티푸라민 연고를 발라주었다
>집에 온 내 몸은 허리가 아프고
>숨을 내쉴 수가 없어 고통스러웠다

문병 온 사람에게 어머니는
'불구가 되어 소리 빽빽 치는 것보다
차라리 죽는 것이 가족을 위해서 좋은 일'이라고
하시는 말씀이 누워 자는 내 귀에 들렸다

방문객이 떠난 후 먹고 싶은 것이 뭐냐고 물으셨다
나는 팥죽이라고 하였다
어머니는 팥죽을 끓여 주시면서 많이 먹으라고 하셨다
엄마 나는 안 죽어 팥죽 먹고 꼭 나을 거야
엄마는 나를 가슴에 안아 주시면서
눈물이 뺨에 한없이 흘러내리는 것을 보았다
아버지가 챙겨주시는 약은 잘 받아먹었다

지금껏 망경강 다리에서 떨어진 사람은
한 사람도 산 사람이 없었다
하나님이 받아주시어서 기적같이 살았다고
동네 사람들은 칭찬을 아끼지 않았다

떨어지는 순간 나는 아버지의 지론을 생각하였다

-「아버지의 지론」 전문

유인자 시인은 젊어서부터 신앙심이 매우 투철하신 분이었다. 유인자 시인이 미국에 이민한 이유 중 한 가지는 아마도 기독교의 본고장이며 믿음 생활이 자유로운 미국에서 살고 싶었던 이유도 있었을 것 같다. 유인자 시인의 부모님께서 유인자 시인에게 신앙심을 전해주신 모태신

앙이었는지, 아니면 박해하셨는지 나는 잘 알지 못한다. 그러나 유인자 시인의 부모님들은 적어도 자녀들을 구속하거나 학대하지 않았던 분들이라는 것만은 확실하다. 그러기에 유인자 시인의 신앙은 구속과 박해 없이 넓게 넓게 자라서 앞서 말한 바와 같이 떠내려가는 어린이를 건져내거나 아이 업은 여자와 남자의 싸움에 끼어들어 싸움을 말리는 용감한 행동을 할 수 있었으니, 이는 모두 투철한 신앙심이 밑거름이 된 것이라라. 만경강 다리 난간에서 "꽃잎처럼 바람을 타고 추락할 때 / 홀연히 강한 바람이 밑에서 솟아 올라와 / 치마가 낙하산처럼 위로 올라가 중력을 조절해준" 것은 하나님의 도우심이 아니면 안 되었을 것 같다. 그때, 이 아이는 장차 하나님 말씀을 증거하고 전하며 봉사할 아이이므로, 하나님께서 "천천히 안전하게 두 발이 땅에 닿"게 하셨을 것이다. 세상은 산 자와 죽은 자로 구분하는 것이 아니다. 믿는 자와 믿지 못하는 자로 갈리는 것이다. 부모님을 믿고 부부를 믿고 자녀를 믿을 때 그 가정이 행복한 것처럼 하나님의 말씀을 믿고 하나님의 이끄심으로 의지할 때 진실로 하나님의 그 사람에게 행복을 주신다는 것을 유인자 시인은 알고 있다. 이 시에서 볼 때 유인자 시인의 부모님은 매우 자상한 분들이셨던 것 같다. 사실 "호랑이한테 물려가도 정신만 차리면 산다."는 속담은 말 그대로 호랑이 담배 피울 때 이야기다. 지금은 동물원에서나 호랑이를 만날 수 있을 뿐, "하늘이 무너져도 정신만 차리면 산다."는 말이 더욱 가깝게 느껴진다. 이젠 호랑이에게 물려갈 일이 없어졌지만, 보이스 피싱이나 교통사고, 화재, 수해 등 사노라면 하늘이 무너질 일이 자주 생긴다. 살아갈수록 정신 차리고 살라는 아버지의 가르침에 더욱 필요한 시점이다.

> 오월 맑은 아침
> 단골손님이 세탁물을 캐시대에 놓고 갔다
> 세탁물을 체크업하였다
> 코트 주머니에서 cash 3,000불과 pen이 나왔다
> 깜짝 놀란 딸은 즉시 손님에게 전화했으나 받지 않는다
> 2일 후 전화 통화가 되었다
>
> 현금 3,000불이 코트 주머니에서 나왔다고
> 단골손님에게 알려주었다
> 지금 타 주에 있다면서 2주 후에 가니
> 돈을 잘 보관하고 있으라고 한다
>
> 2주 후 단골손님은 '쌩큐'하고 급히 돈을 찾아갔다
> 그리고 그 남자분은 7년 만에 부인과 같이 왔다
> 귀한 선물이라고 작은 박스를 손에 쥐어주었다
> 열어보니 반지였다
> 손님이 다이아몬드 반지라고 한다
> 속으로 농담이라 생각하였다
> 몇 년 전에 현금 3,000불을 찾아준
> 고마움에 대한 감사의 표시라고 한다
> 딸은 손님한테 받은 다이아몬드 반지를

85세의 엄마에게 생일 선물했다
다이아몬드 반지는 내 손에서 번쩍번쩍 빛이 난다

나는 딸에게 고맙다고 극진히 감사하다고 수차 말했다
손에 낀 반지를 볼 적마다
정직한 딸이 정말 대견하고 존경스럽다

돌아가신 남편에게 정직한 딸을 자랑 못해서 참 아쉽다
자녀들을 정직하게 양육시킨 당신이
정말 아름답고 거룩한 아버지였음을 생각하면서
그 고마움에 항상 감사의 기도를 드린다

-「다이아몬드 반지 · 1」전문

  정말 다이아몬드 보석처럼 빛나는 아름다운 마음씨를 가진 사람들의 이야기다. 유인자 시인의 딸이 운영하는 세탁소에다 한 단골손님이 옷을 맡겼는데, 그 옷의 주머니에 3,000불을 두고 갔다. 3,000불이면 우리 돈으로 400만 원이 넘는 돈이다. 미국인들의 정서라면 안 돌려주는 것이 맞지만, 한국인의 정서라면 결코 내 돈이 아니니 돌려줘야 맞다. 그걸 딸은 실천했고, 그 미국인은 감동했다. 그 미국인도 그냥 10% 정도의 사례를 해도 좋으련만, 나중에 다이아몬드 반지를 사다 주어서 딸은 또다시 그 반지를 85세의 엄마에게 드렸다는 사례는 정말 미담 사례로 남을 것 같다. 이 시집에는 「다이아몬드 · 2」라는 시도 있는데 그 시는 딸 둘 가진 단골손님의 세탁물에 들어 있던 결혼 때 받은 다이아몬드 반지에 대한 이야기다. 결혼반지를 잃어버리면 파혼당할지 모르는 상황에서 그 손님은 이미테이션 반지를 사서 끼려고까지 고민했는데, 세탁물을 정리하던 유인자 시인의 딸은 그를 발견하여 반지를 되돌려주었고, 그 손님은 큰 화분을 선물하였는데 그 "딸의 정직함이 지방신문에 보도되었"고, "딸의 세탁소는 날로 날로 번영하였다"고 한다. 이는 그동안 부모께서 얼마나 정직하게 살아왔으며 자녀의 교육을 잘 시켰는가를 가늠해볼 수 있는 대목이다.

이상에서처럼 유인자 시인의 시 몇 수를 읽어보면서 그의 마음세계를 여행해보았다. 유인자 시인은 이 시집의 제목 『아버지의 지론』에서 드러난 '호랑이한테 물려가도 정신만 차리면 산다.' '하늘이 무너져도 솟아날 구멍이 있다.'와 같은 불굴의 의지를 실천하고 있었다. 동물과 식물, 즉 자연을 사랑하며 그를 통해 깨달음을 얻고 있었다. 투철한 직업정신을 가지고 희생과 봉사의 삶을 살고 있었다. 정직하고 올바른 삶을 통해 이웃들과 훈훈한 감동을 주고받으며 아름다운 삶을 살아가고 있었다. 하여 나는 이 시집을 '생명 존중을 통한 진실한 삶의 언어'라 평한다.

유인자 제2시집

아버지의 지론

초판발행일 2024년 10월 25일

지은이 : 유인자
펴낸곳 : 도서출판 문학공원
발행인 : 김순진
편집장 : 전하라
디자인 : 김초롱
등 록 : 2004년 3월 9일 제6-706호
주 소 : (우편번호 03382)서울 은평구 통일로 633
녹번오피스텔 501호 스토리문학사
전 화 : 02-2234-1666
팩 스 : 02-2236-1666
홈페이지 : https://blog.naver.com/ksj5562
이메일 : 4615562@hanmail.net

※ 책값은 뒤표지에 있습니다.